Werner & Ulli Bomans

Bauen im Garten

Holzterrasse
Zaun und Sichtschutz
Pflaster und Steine

Dähne Verlag

Holzterrasse

Zaun und Sichtschutz

Pflaster und Steine

Über dieses Buch

Wir alle wünschen uns sonnige Sommer und träumen davon, unsere Freizeit draußen zu verbringen. Dafür ein gemütliches Umfeld – nicht nur mit Blumen und Sträuchern – zu schaffen, ist besonders für den Heimwerker einfach. Vom einfachen Holzplattenbelag auf dem Balkon, drei verschiedenen Möglichkeiten, eine Terrasse zu bauen, Sichtschutz im Garten, Wege- und Treppenbau bis zu einer einfachen und dekorativen Hangbefestigung zeigen die Autoren Möglichkeiten, unseren Freilufttraum zu verwirklichen.

So nutzen Sie die Anleitungen

Die umfangreichen Anleitungen und Empfehlungen der Autoren werden Ihnen einen guten Überblick verschaffen. Dennoch hängen viele Arbeitsschritte von den jeweils verwendeten Materialien und den individuellen Voraussetzungen vor Ort ab und können dadurch in der praktischen Anwendung abweichen.

Die einzelnen Arbeitsschritte sind so aufgebaut, dass Sie bereits durch die Grafiken zu einem raschen Überblick gelangen. Weitere Erläuterungen finden Sie in den ergänzenden Sprechblasen. Tiefer in die Materie führt dann der beschreibende Text.

Beispiel

Mit Senkbohrer vorbohren, dann schrauben

Beachten Sie die Expertentipps

Zusätzliche Tipps und Tricks haben wir als Expertentipp hervorgehoben, weil wir glauben, dass diese Ihnen zu noch besseren Ergebnissen, zu rationellerem Vorgehen und zu mehr Sicherheit verhelfen werden. Häufig sind es nur Kleinigkeiten, an die Sie vielleicht noch nicht gedacht haben. Aber oft sind es gerade diese „Kleinigkeiten", die ausschlaggebend für den Erfolg sind.

Fragen und Antworten

Die Autoren haben im Laufe ihrer Arbeit viele Fragen beantwortet – die wichtigsten geben sie hier weiter. Falls dennoch Fragen offen bleiben sollten, bekommen Sie in den Bau- und Heimwerkermärkten sowie den speziellen Fachmärkten Ratschläge für Ihr spezielles Vorhaben.

Expertentipp

Während des Verschraubens müssen die Dielen immer zusammen mit den Abstandsplättchen dicht an die vorherige Diele angedrückt werden. Wenn man alleine arbeitet, ist eine Gurtzwinge nützlich. Mit ihr können die Dielen zusammengespannt werden.

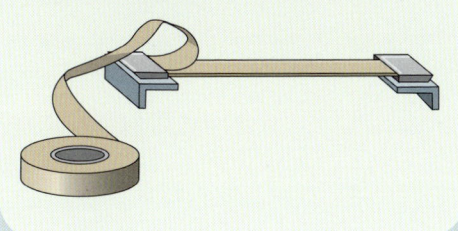

Werkzeuge im Überblick

Am Schluss des jeweiligen Kapitels finden Sie eine Werkzeugübersicht passend zu den vorgestellten Arbeitsschritten. Nicht in jedem Fall werden alle dargestellten Werkzeuge benötigt. Das hängt vom verwendeten Material oder vom herstellerbedingten Arbeitsverfahren ab. Dennoch ist diese Übersicht wertvoll, denn dadurch können Sie schnell beurteilen, was noch fehlt und besorgt werden muss. Nichts ist ärgerlicher, als während des Arbeitens festzustellen, dass z.B. eine Kreissäge fehlt.

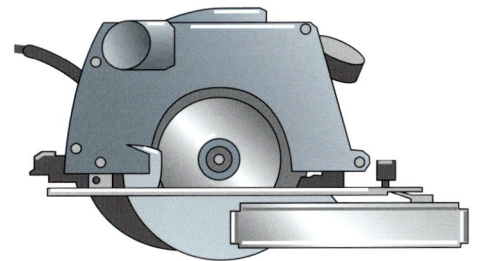

Holzterrasse

Die Terrasse als Erweiterung des Wohraumes – davon träumt jeder Hausbesitzer. Drei verschiedene Möglichkeiten, eine Terrasse mit Holzbelag zu bauen, stellen wir Ihnen hier vor. Natürlich kann man eine Terrasse auch mit einem festen Steinbelag bauen, aber gerade die Holzterrasse eignet sich für den Selbermacher am besten.

Standort

Wenn das Haus schon steht und die Räume aufgeteilt sind, ist der Spielraum für die Wahl des Standortes gering, ansonsten können Sie nach Sonnenstand und Nutzungsverhalten wählen.
Ausrichtung nach Süden:
Hier haben Sie vom Morgen bis in den späten Nachmittag die meiste Sonne und sind als sonnenhungriger Mensch gut aufgehoben. Ein Sonnenschutz, wie z.B. eine Markise, ist dann empfehlenswert.
Ausrichtung nach Südwesten:
Hier scheint die Sonne vom späten Vormittag bis in den Abend. Wenn sich Ihr Terrassenleben also später am Tag abspielt, sind Sie hier am besten aufgehoben.
Ausrichtung nach Nordosten:
Hier können Sie Ihren Morgenkaffee sowie die Strahlen der untergehenden Sonne genießen.

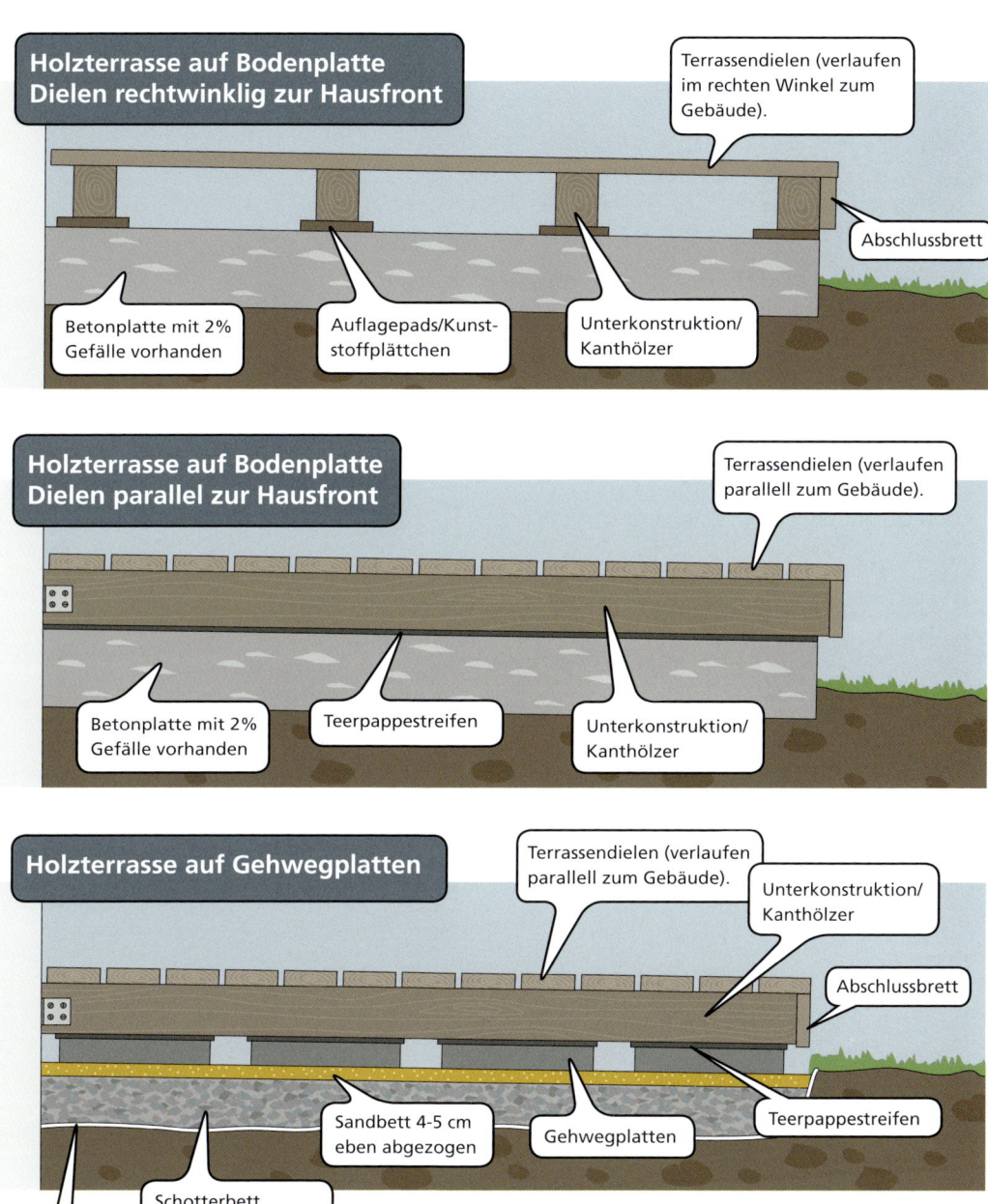

Holzterrasse auf Bodenplatte Dielen rechtwinklig zur Hausfront

Terrassendielen (verlaufen im rechten Winkel zum Gebäude).

Abschlussbrett

Betonplatte mit 2% Gefälle vorhanden

Auflagepads/Kunststoffplättchen

Unterkonstruktion/Kanthölzer

Holzterrasse auf Bodenplatte Dielen parallel zur Hausfront

Terrassendielen (verlaufen parallell zum Gebäude).

Betonplatte mit 2% Gefälle vorhanden

Teerpappestreifen

Unterkonstruktion/Kanthölzer

Holzterrasse auf Gehwegplatten

Terrassendielen (verlaufen parallell zum Gebäude).

Unterkonstruktion/Kanthölzer

Abschlussbrett

Sandbett 4-5 cm eben abgezogen

Gehwegplatten

Teerpappestreifen

Wurzelvlies

Schotterbett tragfähig verdichtet mit 2% Gefälle

Holzterrasse auf Bodenplatte

1

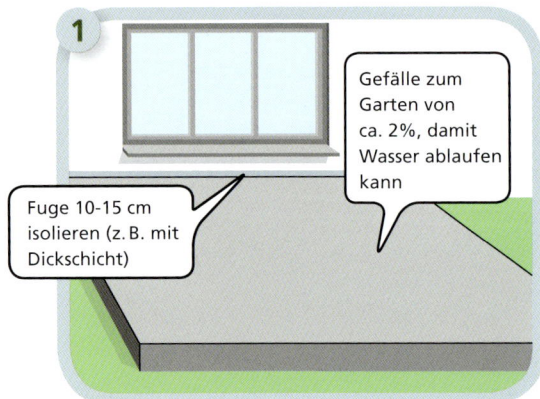

Gefälle zum Garten von ca. 2%, damit Wasser ablaufen kann

Fuge 10-15 cm isolieren (z. B. mit Dickschicht)

Eine vorhandene Betonplatte wird zuerst mit dem Hochdruckreiniger gesäubert und alte Kleber- oder Speisrückstände entfernt. Prüfen Sie, ob vom Haus zum Garten ein Gefälle vorhanden ist. 2% Gefälle reichen, damit Wasser ablaufen kann.

2

Dielen rechtwinkelig zur Hausfront

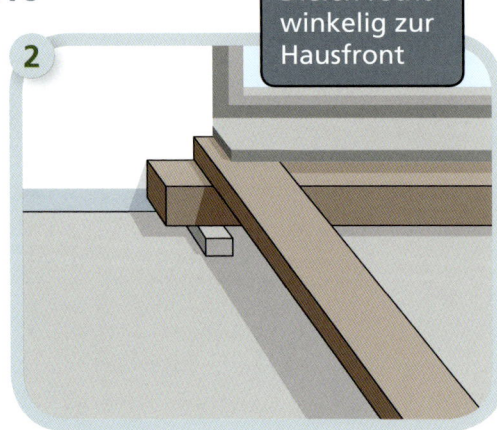

Die Aufbauhöhe ergibt sich aus der verfügbaren Höhe zwischen Betonplatte und Terrassenausgang. Bei einer überstehenden Schwelle wird der Belag direkt unter die Schwelle geschoben. Mit Kunststoffplättchen kann unterfüttert werden.

3

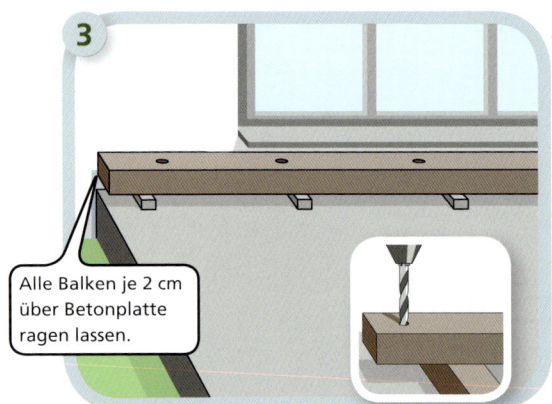

Alle Balken je 2 cm über Betonplatte ragen lassen.

Die Unterkonstruktion wird jetzt mit einem Holzbohrer vorgebohrt. Das erste Loch sollte ca. 20 cm vom Rand entfernt sein. Die restlichen Löcher haben etwa 80 cm Abstand. Beim Bohren ein Stück Holz unterlegen, damit der Bohrer nicht beschädigt wird.

4

Bei harten Hölzern am besten mit einem Senkbohrer arbeiten, damit der Schraubenkopf nicht über dem Kantholz hervorsteht.

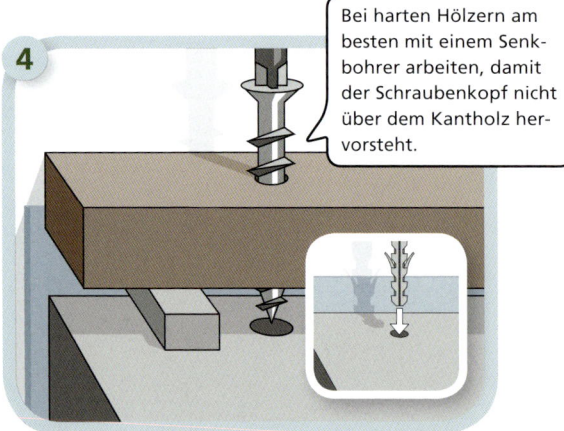

Danach mit dem Steinbohrer durch die vorgebohrten Löcher im Holz Dübellöcher in die Betonplatte bohren. Nun die Dübellöcher aussaugen und die Spreizdübel einsetzen. Das Kantholz kann nun verschraubt werden.

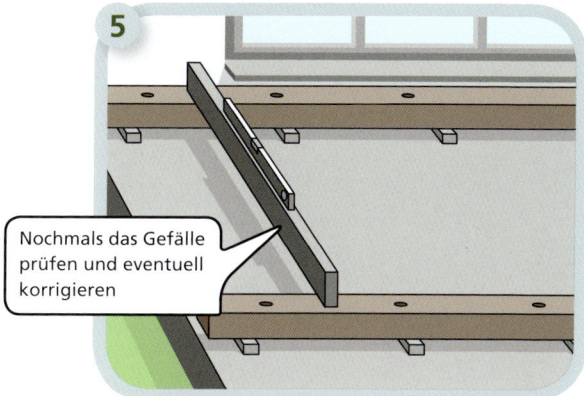

Nochmals das Gefälle prüfen und eventuell korrigieren

Am Terrassenende ein zweites Kantholz platzieren und soweit mit Kunststoffplättchen unterlegen, dass das Wasser ungehindert ablaufen kann und das nötige Terrassengefälle vorhanden ist.

Mit der Wasserwaage den ebenen Verlauf der Kanthölzer prüfen

Die Oberkanten müssen bündig sein

Die restlichen Kanthölzer der Unterkonstruktion können nun gleichmäßig verteilt montiert werden. Beachten Sie die maximalen Abstände, die sich nach dem verwendeten Holzquerschnitt orientieren. Die Hölzer müssen oben bündig sein.

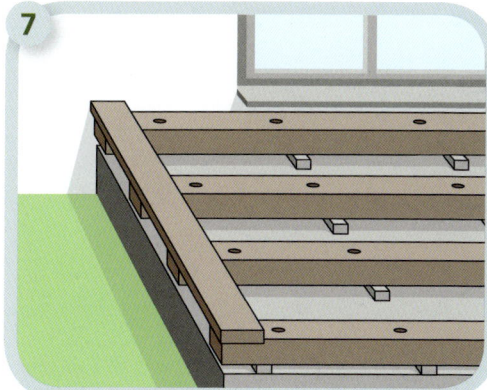

Die erste Terrassendiele wird so montiert, dass sie einen seitlichen Überstand in der Dicke der seitlichen Umrandung hat. Je nach Abmessung der Terrassendielen, können auch diese als seitliche Umrandung verwendet werden.

Mit Senkbohrer vorbohren, dann schrauben

Das Befestigen der Terrassendielen erfolgt durch Verschrauben von oben oder eine verdeckte Befestigung, die später nur noch in den Fugen zwischen den einzelnen Dielen sichtbar ist. Mit einem Senkbohrer werden die Schraubenlöcher vorgebohrt.

Die Terrassendielen werden immer mit einem Abstand zueinander montiert. Dadurch erhält man ein gleichmäßiges Verlegebild und das Holz kann arbeiten, d.h. es kann sich ausdehnen oder schrumpfen.

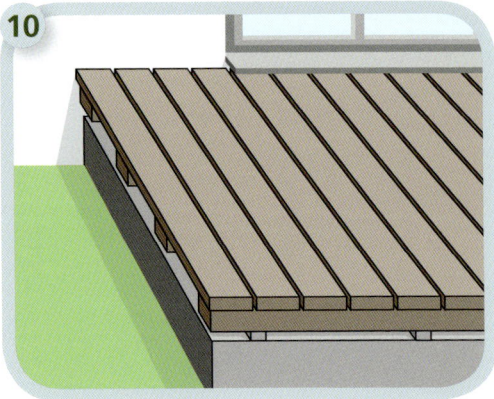

Das letzte Brett wird auch mit dem Überstand in Brettstärke der Umrandung montiert.

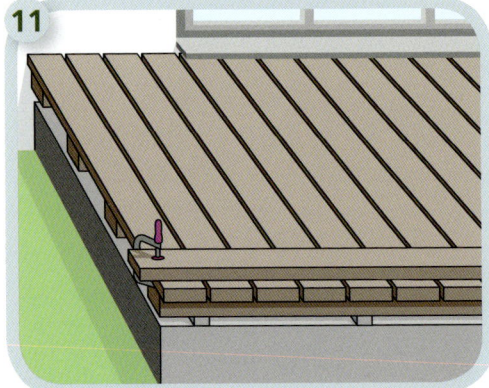

Wenn die Terrassendielen zum Schluss gekürzt werden müssen, befestigt man ein Führungsbrett mit Schraubzwingen und kann einfach absägen. (Dabei den Überstand für das Abschlussbrett berücksichtigen.)

Unter den seitlichen Überstand der ersten und letzten Terrassendiele können die Abschlussbretter montiert werden. Die Verschraubung erfolgt seitlich an der Unterkonstruktion und von oben durch die Terrassendiele.

Die schnelle Terrasse

Wenn die Zeit drängt, oder auch wenn die Aufbauhöhe für eine Unterkonstruktion nicht gegeben ist, bietet sich die Holzfliese an. Eine ebene Betonplatte (Terrasse oder Balkon) ist vorhanden – dann kann es gleich losgehen. Die Holzfliesen werden nur zusammengesteckt. Entsprechende Verbinder sind bereits an ihnen angebracht. Die geringe Aufbauhöhe erlaubt es, auch an schwierigen Stellen einen Holzbelag verlegen zu können. Hierzu sind keine handwerklichen Vorkenntnisse erforderlich. Und das Schöne ist auch, dass Sie den Holzbelag nach Ende der „Terrassensaison" einfach wieder einsammeln und verstauen können. Dadurch steigern Sie die Lebensdauer um ein Vielfaches.

Holzterrasse auf Bodenplatte

1

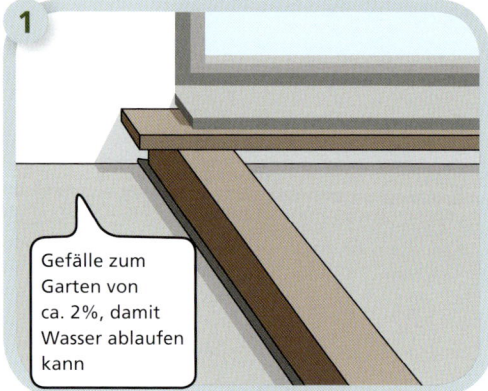

Gefälle zum Garten von ca. 2%, damit Wasser ablaufen kann

Bei einer vorhandenen Betonplatte prüfen, ob sie vom Haus zum Garten ein Gefälle hat. Dies sollte 2% betragen, damit Wasser leicht ablaufen kann. Um auf die gewünschte Aufbauhöhe zu kommen, muss bei der Unterkonstruktion entsprechend starkes Material gewählt werden.

2

Teerpappestreifen verhindern, dass Feuchtigkeit aufsteigen kann und in das Holz eindringt

Zwischen die verwendeten Kanthölzer und die Betonplatte kommt jeweils ein Streifen Teerpappe oder eine spezielle Holzunterlage. Die Abstände richten sich nach dem verwendeten Terrassenbelag. Je dicker dieser ist, desto größer können die Abstände der Unterkonstruktion sein.

Expertentipp

Die Kanthölzer der Unterkonstruktion werden, wie später auch die Terrassendielen, vor dem Verschrauben vorgebohrt. Beim Bohren ein Stück Holz unterlegen, damit der Bohrer nicht beschädigt wird. Verwenden Sie einen Holzbohrer oder bei Hartholz einen Metall- oder Universalbohrer. Die Dicke des Bohrers richtet sich nach dem verwendeten Schraubendurchmesser. Bei härteren Hölzern ist es zudem ratsam, einen Senkbohrer zu verwenden, damit der Schraubenkopf nach dem Verschrauben nicht hervorsteht. Ideal ist, das Senken und Bohren in einem Arbeitsgang durchzuführen.

3

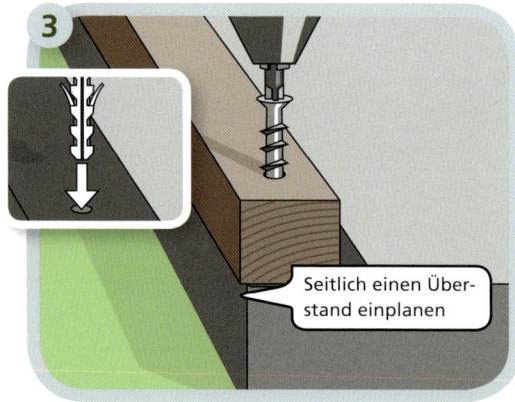

Seitlich einen Überstand einplanen

Das erste Kantholz seitlich ca. 5 mm über die Betonplatte überstehen lassen, damit das spätere Befestigen einer seitlichen Umrandung problemlos ist. Das Kantholz vorbohren, Dübellöcher in die Betonplatte bohren, Dübel setzen und das Kantholz verschrauben.

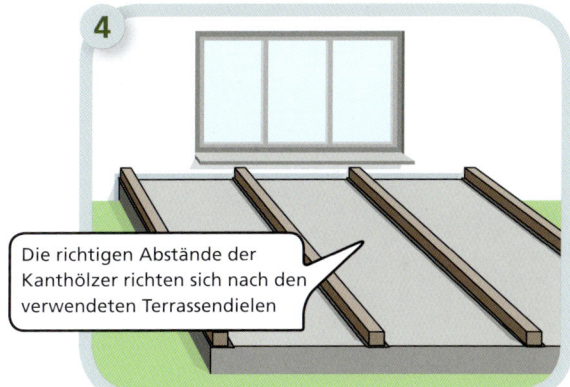

Die richtigen Abstände der Kanthölzer richten sich nach den verwendeten Terrassendielen

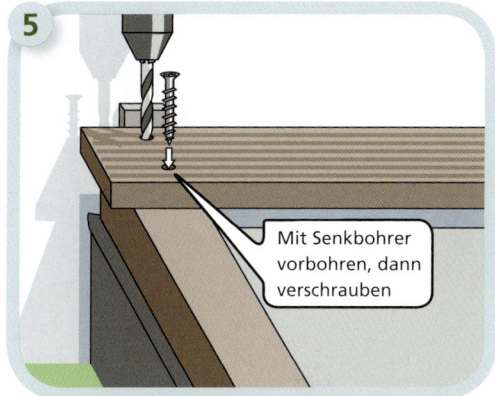

Mit Senkbohrer vorbohren, dann verschrauben

Als Nächstes das gegenüberliegende Kantholz ebenso mit einem leichten Überstand am Rand der Betonplatte montieren und dann die restlichen Hölzer dazwischen gleichmäßig verteilt anbringen.

Die erste Terrassendiele wird nun, am Haus beginnend, auf der Unterkonstruktion verschraubt. Seitlich sollte die Diele so weit überstehen, dass später eine Umrandung montiert werden kann.

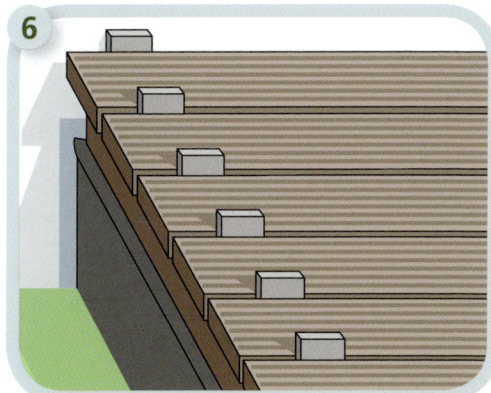

Führungsschiene zum Beschneiden mit der Handkreissäge

Randabschluss montieren

Nacheinander alle weiteren Terrassendielen, jeweils mit einem Fugenabstand, montieren. Zum leichteren Verschrauben können die Dielen auch mit einer sogenannten Gurtzwinge gespannt werden. Dadurch bleiben sie an der gewünschten Stelle, bis die Schrauben eingedreht sind.

Einen gleichmäßigen Randverlauf kann man auch erreichen, indem man die Terrassendielen etwas weiter überstehen lässt und sie nach der Montage beschneidet. Der umlaufende Randabschluss kann wahlweise mit Terrassendielen ausgeführt werden.

Holzterrasse auf Gehwegplatten

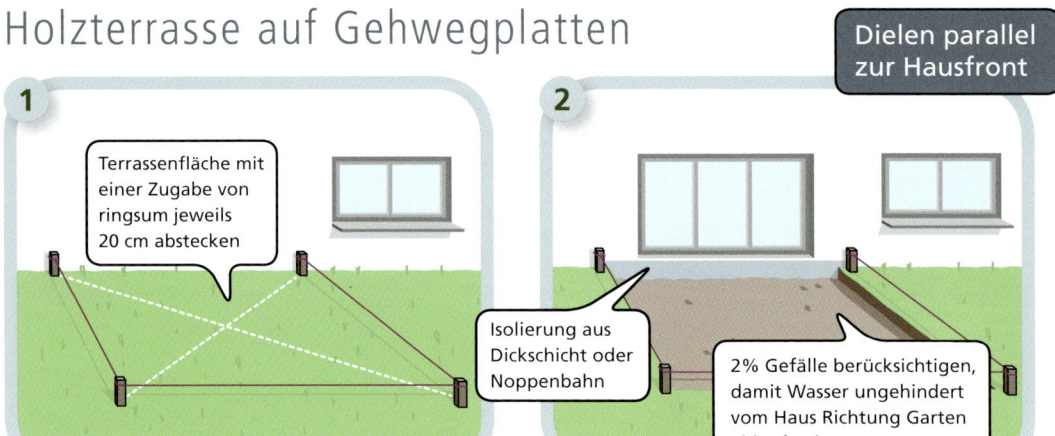

Dielen parallel zur Hausfront

1 Terrassenfläche mit einer Zugabe von ringsum jeweils 20 cm abstecken

2 Isolierung aus Dickschicht oder Noppenbahn

2% Gefälle berücksichtigen, damit Wasser ungehindert vom Haus Richtung Garten ablaufen kann

Bei einer vorhandenen Garten- bzw. Rasenfläche muss für einen stabilen Unterbau gesorgt werden. Zuerst wird dazu die vorgesehene Terrassenfläche mit Maurerschnur abgesteckt. Darauf achten, dass die Fläche rechtwinklig ist (Dies ist der Fall, sobald die beiden Diagonalen gleich lang sind).

Die Terrassenfläche wird nun auf die benötigte Tiefe ausgekoffert. Die Tiefe ergibt sich aus dem Gesamtaufbau (Schotter, Verlegesplitt, Gehwegplatten, Kanthölzer und Terrassendielen). Die Oberkante der Terrassendielen sollte etwa auf gleicher Höhe wie die Tür liegen, so dass keine Stolperfalle entsteht.

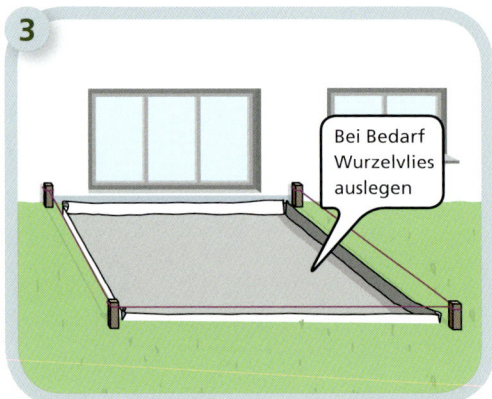

3 Bei Bedarf Wurzelvlies auslegen

Wenn der Boden bereits so verdichtet ist, dass auf eine Schotterschicht verzichtet werden kann, sollte ein Wurzelvlies verlegt werden, um dem Durchwachsen von Gräsern vorzubeugen.

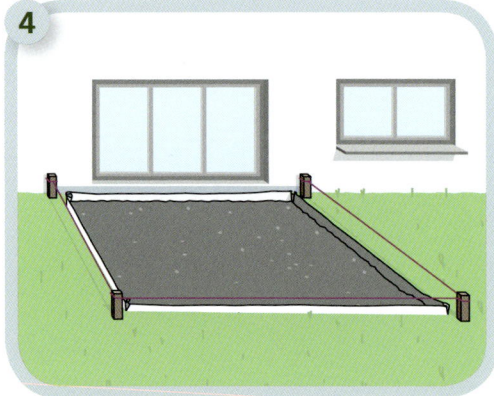

4

Jetzt wird eine ca. 20 cm dicke Schicht Schotter (Frostschutzmaterial) verteilt und mit dem Flächenrüttler verdichtet.

5

Das Abziehbrett mit der Wasserwaage muss parallel zum Haus liegen, wenn geprüft wird, sonst stimmt das Ergebnis nicht.

Abziehrohre für den Verlegesplitt verlegen

Nach der Fertigstellung des Schotterbettes werden Abziehrohre verlegt und mit der Wasserwaage in beiden Richtungen ausgerichtet. Geeignet sind z. B. Rohre von 1 Zoll Ø. Dabei das Gefälle von 2% (= 2 cm pro Meter) berücksichtigen. Zum Ausrichten werden die Rohre mit Verlegesplitt unterlegt.

6

Nun wird Verlegesplitt so auf der Fläche verteilt, dass er die Rohre leicht überdeckt. Mit einem geraden Abziehbrett wird der Splitt gleichmäßig abgezogen. Den nicht benötigten Splitt von der Fläche entfernen.

7

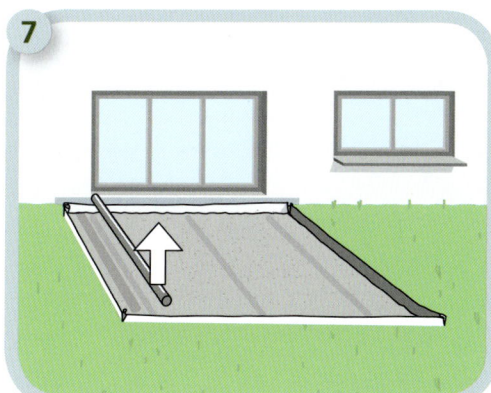

Danach können die Verlegerohre vorsichtig entnommen werden. Die nun entstandenen Hohlräume werden wieder mit Splitt gefüllt. Die Platten werden so verlegt, dass die benötigte Unterkonstruktion jeweils mittig auf den Platten liegen kann.

8

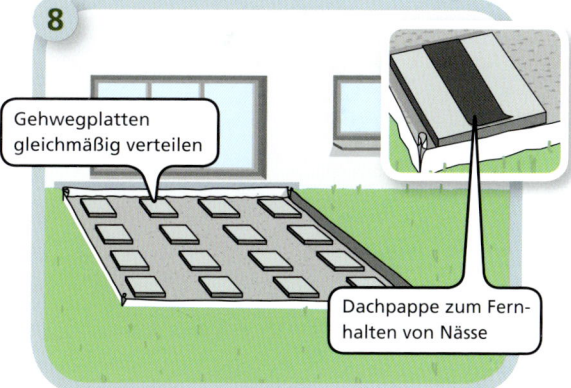

Gehwegplatten gleichmäßig verteilen

Dachpappe zum Fernhalten von Nässe

Je größer die Kanthölzer gewählt wurden, und je dicker die Terrassendielen sind, desto größer können die Abstände der Platten zueinander sein. Auf den Platten wird nun jeweils ein Streifen Holzunterlage oder Teerpappe verlegt. Diese dient dazu, Nässe vom Holz fern zu halten.

9

Verankerung am Haus

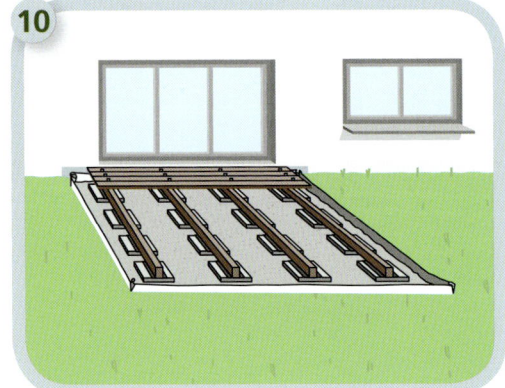

10

Die Kanthölzer der Unterkonstruktion können nun mittig auf den Gehwegplatten verlegt werden. Die Verlegung erfolgt rechtwinklig zum Haus. Die Kanthölzer werden mit passenden Winkeln mit dem Haus verankert. Die Verlegung der Dielen erfolgt parallel zum Haus. Wenn die Terrassenbreite größer als die Die-

lenlänge ist, kann auch eine Endlosverlegung erfolgen. Dabei entsteht am wenigsten Verschnitt, weil Reststücke in der nächstfolgenden Verlegereihe weiter verwendet werden können. Es gibt auch spezielle Endlosdielen, die zum Verbinden an den Schmalseiten keilförmig ein- und ausgebuchtet sind.

11

Die benötigten Dielenabstände werden mit Abstandsplättchen eingestellt. Auch zum Haus hin wird ein Fugenabstand benötigt. Die Befestigung der Dielen erfolgt von oben mit Edelstahl-Terrassenschrauben. Auch verdeckte Befestigungsmethoden sind möglich.

Expertentipp

Während des Verschraubens müssen die Dielen immer zusammen mit den Abstandsplättchen dicht an die vorherige Diele angedrückt werden. Wenn man alleine arbeitet, ist eine Gurtzwinge nützlich. Mit ihr können die Dielen zusammengespannt werden.

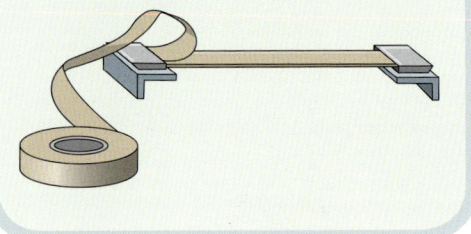

Häufig gestellte Fragen

Warum ist der Standort für eine Holzterrasse so wichtig?

Neben den Gepflogenheiten zur Nutzung der Terrasse (morgens, mittags, abends) spielt auch die Verwitterung eine Rolle. Holzterrassen in der Nähe von Bäumen oder gar einem Wald können schneller veralgen und den Belag rutschig machen. Die Haltbarkeit des Holzes ist in diesen Bereichen geringer wegen der auftretenden Feuchtigkeit und einer dadurch höheren Fäulnisgefahr.

Welches Holz ist am besten geeignet?

Diese Frage lässt sich pauschal nicht beantworten. Es gibt viele Unterschiede bei den Holzeigenschaften, der Herkunft und auch des Preises. Nicht zuletzt gibt es auch noch „Holz", das gar kein Holz ist. Man spricht hier von „WPC". Das heißt „Wood-Polymer-Composite" – und ist ein Holz-/Kunststoffgemisch. Dabei werden die Vorteile beider Materialien vereint. Optisch sind die daraus hergestellten Terrassendielen nicht so einfach von echtem Holz zu unterscheiden. Die Unterkonstruktion und auch die Befestigung der Terrassendielen unterscheiden sich von System zu System, so haben z.B. WPC-Beläge eine eigene Unterkonstruktion mit Befestigungsclips. Grundsätzlich ist aber die Herstellung der Terrasse vergleichbar mit den hier gezeigten Varianten.

Einheimische Terrassenhölzer			
Douglasie	Lärche	Robinie	Eiche
Hartes, elastisches Holz. Natürlicher Holzschutz durch hohen Harzgehalt. Gute Haltbarkeit. Kernholz wetterfest.	Weiches, elastisches Holz. Splittert leicht. Natürlicher Holzschutz durch hohen Harzgehalt. Kernholz sehr wetterfest.	Spröde, langfaserig. Gute Haltbarkeit.	Zäh, langfaseriges Holz. Gute Haltbarkeit.
rötlich	rot-braun	braun-grau	gelblich-grau

Tropische Terrassenhölzer		WPC	Thermoholz
Bangkirai	Garapa	Wood-Polymer-Composite	Thermo-Kiefer
Sehr hartes Holz. Muss zum Verschrauben vorgebohrt werden. Wetterbeständig, dauerhaft.	Sehr hartes Holz, dennoch gut zu bearbeiten. Muss zum Verschrauben vorgebohrt werden. Wetterbeständig, dauerhaft.	Holzprodukt aus 75% Holzfasern und 25% Thermoplast. Astfrei, wetterbeständig, dauerhaft.	Wetterbeständiges und sehr dauerhaftes Holz. Pilzresistent und wasserabweisend.
mittel-dunkelbraun	hellgelb-orangebraun	hell-dunkelbraun	karamel-dunkelbraun

Werkzeug

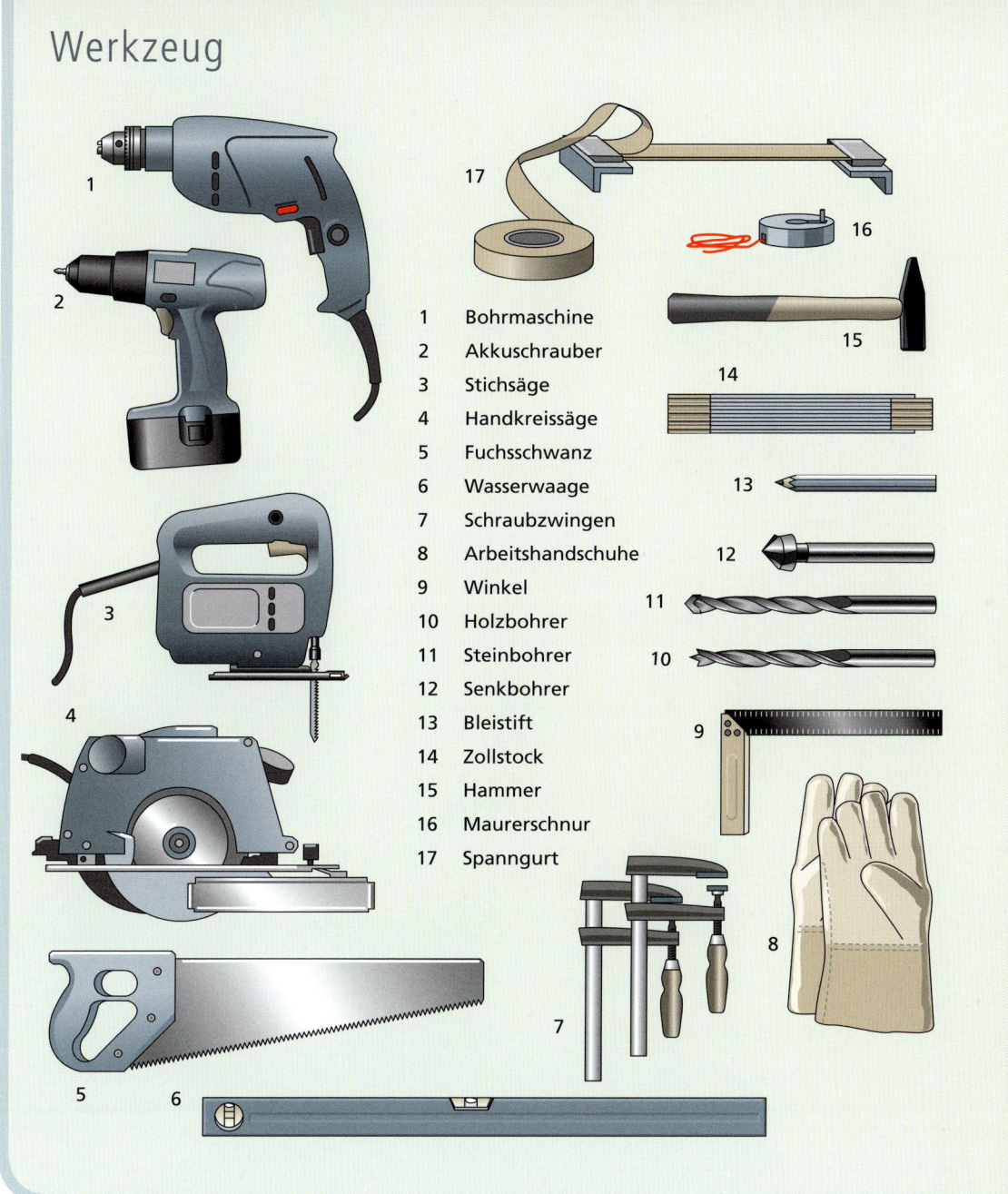

1 Bohrmaschine
2 Akkuschrauber
3 Stichsäge
4 Handkreissäge
5 Fuchsschwanz
6 Wasserwaage
7 Schraubzwingen
8 Arbeitshandschuhe
9 Winkel
10 Holzbohrer
11 Steinbohrer
12 Senkbohrer
13 Bleistift
14 Zollstock
15 Hammer
16 Maurerschnur
17 Spanngurt

Zäune errichten

Der Zaun gehört heute wie selbstverständlich zu fast jedem Grundstück dazu. Zum einen will man damit sein Eigentum schützen, zum anderen schützt ein Zaun auch Kinder und Tiere. Während in natürlicher Umgebung oft sogenannte Wildzäune oder rustikale Holzzäune anzutreffen sind, sollte der Zaun an der Vorgartengrenze auch zum Stil des Hauses passen. Berücksichtigen Sie nach Möglichkeit auch, welche Zäune in der Nachbarschaft üblich sind.

Zaunpfosten

Normalerweise werden Zäune, egal ob es ein Metall-, Draht-, Kunststoff- oder Holzzaun ist, mit Zaunpfosten aufgebaut. Das Setzen der Zaunpfosten richtet sich nach dem entsprechenden Zaunsystem, aber auch nach dem vorhandenen Untergrund. Die einfachste Befestigungsmethode für den Zaunpfosten ist die Einschlagbodenhülse. Bei hohen Ansprüchen an die Haltbarkeit werden Pfostenschuhe mit einem Betonfundament gesetzt.

Einschlagbodenhülse: Die Einschlagbodenhülse mithilfe eines Einschlagwerkzeuges soweit in den Boden treiben, dass sie stehen bleibt. Dann senkrecht ausrichten und weiter einschlagen. Zwischendurch mit der Wasserwaage prüfen. Es sollte ein schwerer Hammer (5 kg) oder die Rückseite einer Axt benutzt werden.

U-Pfostenträger zum Einbetonieren.

Weitere Tipps zum Setzen von Pfostenträgern auf den folgenden Seiten.

Pfostenträger: Pfostenträger gibt es in vielen Ausführungen und Größen. Wird dieser für einen dichten Sichtschutzzaun mit hoher Windangriffsfläche benötigt, muss er anders dimensioniert sein als für einen luftdurchlässigen Drahtzaun. Pfostenträger können entweder auf einen Betonsockel aufgeschraubt oder direkt in einen Betonsockel einbetoniert werden. Nach dem Ausheben eines ca. 25 x 25 cm und 60 cm tiefen Loches wird z.B. Gartenbau- oder Estrichbeton angemischt (Sackware) und in das Loch eingefüllt. Dann den Pfostenträger setzen, ausrichten und solange fixieren, bis der Beton ausgehärtet ist.

Zaunpfosten ohne Pfostenträger: In einigen Fällen kann das Setzen ohne Pfostenträger ausreichen. Man muss aber eine kürzere Lebensdauer der Befestigung einkalkulieren. Das Holz muss entsprechend haltbar und für den Erdkontakt geeignet sein. Das Fundamentloch sollte etwa 1/3 der Gesamtlänge des Pfostens ausmachen. Nach dem Ausheben kommt zuerst eine ca. 10 cm hohe Schicht versickerungsfähiger Kies. Dann den Pfosten einstellen und seitlich mit Latten fixieren. Nun kann Beton aufgefüllt werden. Den Beton schichtweise mit einem Holzstück durchstoßen, damit Lufteinschlüsse entweichen können. Nach dem Aushärten des Betons können die Stützlatten entfernt werden.

Bausatz-Zaunelement

1

Den geplanten Zaun-
verlauf mit einer
Schnur festlegen.

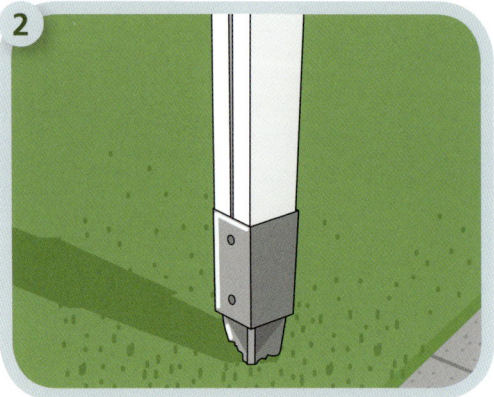

2

Legen Sie zuerst den geplanten Zaunverlauf mit einer Schnur fest. Die Pfostenabstände ergeben sich aus dem jeweiligen Zaunsystem. Hier bietet sich die Montage mit Einschlagbodenhülsen besonders gut an. Prüfen Sie nach, ob z.B. angrenzende Betonfundamente oder Sockel das Einschlagen der Bodenhülse behin-

dern können. Schlagen Sie probehalber einen Eisenstab an der betreffenden Stelle ein. Ein Aufgraben ist nicht zu empfehlen, weil danach die Einschlagbodenhülse nicht mehr fest sitzt. Notfalls den Abstand zu eventuell störenden Gehwegbefestigungen vergrößern.

3

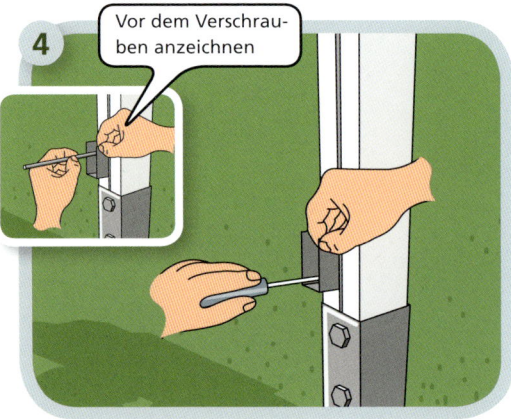

4

Vor dem Verschrau-
ben anzeichnen

Nach dem Setzen der Einschlagbodenhülse kann der Pfosten verschraubt werden. Prüfen Sie dabei auch den senkrechten Sitz des Pfostens nach. Je nach Passgenauigkeit zwischen Bodenhülse und Pfosten sind Korrekturen möglich.

Zum Einhängen und Befestigen der Zaunelemente werden Riegelhalter am Pfosten verschraubt. Bei der Montage der gegenüberliegenden Halter kann die waagerechte Ausrichtung nochmals geprüft werden, damit das Zaunelement auch waagerecht wird.

5

Die beiden Querriegel erst später anschrauben

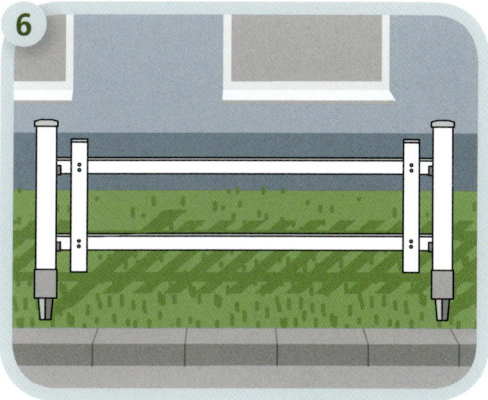

6

Gehen Sie beim Zusammenbau der Zaunelemente am besten so vor, dass Sie die beiden Querriegel in die Riegelhalter einhängen, aber noch nicht verschrauben. Befestigen Sie nun die beiden äußeren Zaunlatten an den Querriegeln. Die Abstände zu den beiden Zaun-

pfosten identisch mit den Zwischenräumen der Zaunlatten wählen, dann sieht der gesamte Zaun harmonisch aus. Insgesamt sollte auf eine gleichmäßige Verteilung der Latten geachtet werden.

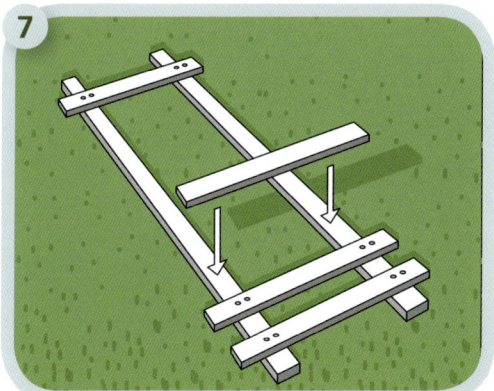

7

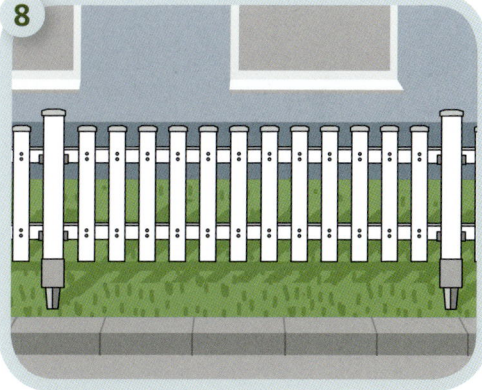

8

Legen Sie das vorbereitete Zaunelement auf eine ebene Fläche. Jetzt können die restlichen Zaunlatten auf den Querriegeln verschraubt werden. Das Zaunelement nun einsetzen und an den Riegelhaltern verschrauben.

Auf die Zaunlatten oben jeweils eine Abdeckung aufstecken, falls diese nicht schon werkseitig montiert sind. Nun können die weiteren Riegelhalter angeschraubt und die Zaunelemente in gleicher Weise montiert werden.

Drahtzäune

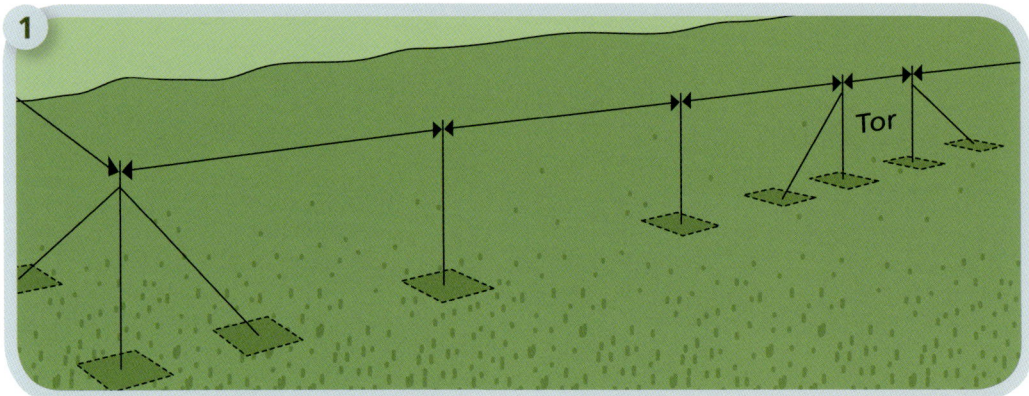

Bei großen Grundstücken ist oft der Drahtzaun die beste Alternative. Beachten Sie die erlaubten Abstände und Zaunhöhen. Planen Sie auch gleich die benötigten Tore mit ein. Als Pfostenabstand eignen sich 2,20-2,50 m. Streben sollten am Zaunanfang und Zaunende und auch seitlich von Toren und bei langen Zäunen ca.

alle 30 m eingeplant werden. Hierzu werden, wie für die Zaunpfosten, Fundamentlöcher benötigt. Spannen Sie über den gesamten Zaunverlauf eine Schnur. Hierzu jeweils einen Stab außerhalb der Zaunenden einschlagen. Die Fundamentlöcher können mit einem Markierungsspray angezeichnet werden.

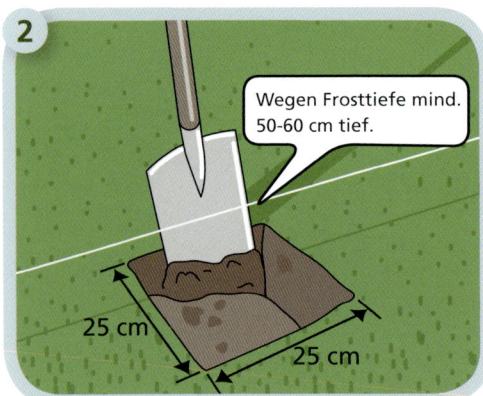

Am stabilsten wird der Zaun, wenn die Zaunpfosten in Fundamente einbetoniert werden. Heben Sie entsprechende Löcher ca. 25-30 cm Kantenlänge aus (Tiefe entsprechend der Pfostenlänge). Für die richtige Lage der Löcher

eine Schnur im Zaunverlauf spannen. Sauber begrenzte Fundamente bekommen Sie, wenn Sie in die Fundamentlöcher jeweils einen passenden Karton (Boden herausnehmen) einstellen. Außen herum wird mit Erde angefüllt.

4

Die Ummantelung/Beschichtung der Zaunpfosten darf bei der Montage nicht beschädigt werden.

Die unsachgemäße Montage führt nach Jahren zur völligen Zerstörung des Pfostens.

In die Fundamentlöcher kommt unten eine ca. 10-20 cm dicke Schicht aus mittelgrobem Kies. Dieser ermöglicht, dass Schwitzwasser nach unten ablaufen und nicht zu einer Zerstörung des Zaunpfostens führen kann. Den Pfosten dann einstellen und leicht in den Kies eindrü-

cken. Dann das Loch mit Beton auffüllen und die Oberfläche glätten. Dabei ein leichtes Gefälle nach außen herstellen, damit das Wasser ablaufen kann. Der Pfosten muss dabei ausgerichtet und fixiert sein bis der Beton ausgehärtet ist.

Montage mit Einschlagbodenhülse
Spezielle Einschlag-Bodenhülsen für Rundpfosten ermöglichen das Setzen von Zaunpfosten ohne jeglichen Beton. Beim Einschlagen der Bodenhülse unbedingt ein passendes Einschlagwerkzeug verwenden, damit die Bodenhülse nicht beschädigt wird (siehe Seite 24).

Zaunstrebe montieren
Auch die Zaunstrebe kann ohne Betonsockel auskommen. Auf der eingeschlagenen Bodenhülse wird eine Strebenplatte mit Schlossschrauben befestigt und später darauf die Strebe verschraubt.

5

Diagonalstreben an den Anfangs- und Endpfosten

6

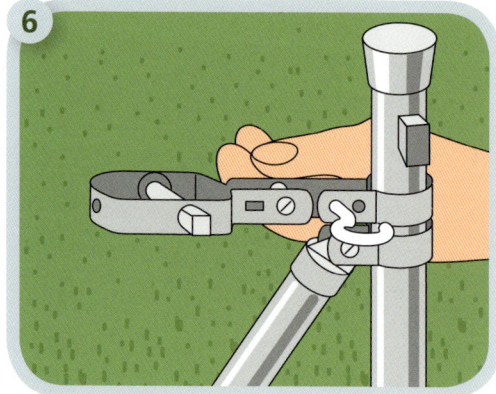

Der Anfangs- und Endpfosten wird zuerst montiert. Bauen Sie auch gleich die beiden Zaunstreben im Winkel von 45° an. Der obere Abstand zwischen Strebenschelle und Pfosten–oberkante beträgt 15 cm. Wenn die Streben

sitzen, können die Spanndrahthalter montiert werden. Jeder der beiden Pfosten bekommt drei Stück davon. Die Haken für den Geflechtspannstab richten Sie zur Grundstücks-innenseite aus.

7

10 cm Zugabe beim Drahtzuschnitt, damit dieser noch aufgewickelt werden kann

8

Es werden drei Spann-drähte verwendet: oben, in der Mitte und unten

Schneiden Sie nun jeweils einen Spanndraht mit einer Zugabe von mindestens 10 cm zu. Den Draht in den Dorn des Anfangspfostens stecken und ihn mit einem Schraubenschlüssel drehen, damit sich der Draht aufwickelt und spannt. Achtung: nicht zu fest spannen, damit der Draht nicht reißt. Beginnen Sie am besten

mit dem unteren Spanndraht. Danach können die Zwischenpfosten wie beschrieben gesetzt werden. Richten Sie diese so aus, dass sie locker an den Spanndrähten anliegen, diese aber nicht durchbiegen. Bei den Zwischenpfosten den Draht in die Drahthalterungen einlegen.

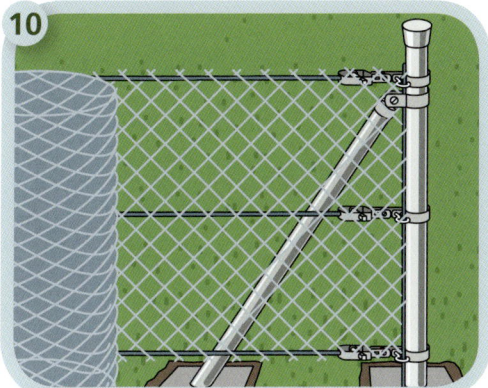

Jetzt etwas Maschendraht abrollen und einen Geflechtspannstab in die erste Maschenreihe einführen. Dann wird der Spannstab in die Haken eingehängt. Rollen Sie den Maschendraht über die benötigte Länge bis zum Endpfosten ab und spannen ihn. An der Endposition wieder einen Geflechtspannstab einschieben

und den überstehenden Maschendraht entfernen. Das geht am einfachsten, indem Sie eine Drahtreihe aus dem Geflecht herausdrehen. Den Maschendraht dann mit dem Geflechtspannstab in die drei Haken am Endpfosten einhängen.

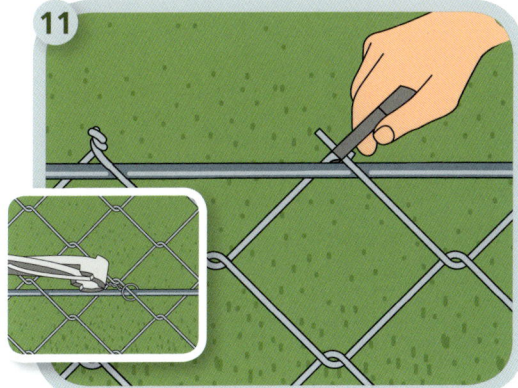

Expertentipp

Einfacher und schneller geht das Befestigen des Maschendrahtes an den Spanndrähten mit einer speziellen Drahtbefestigungszange. Das Drahtgeflecht und der Spanndraht werden so mit einer Klammer fest verbunden.

Der Maschendraht kann nun an den drei Spanndrähten mit Bindedraht befestigt werden. Die oberen Maschen werden mit einer Flachzange aufgebogen, der Draht eingelegt und danach wieder verschlossen. Alternativ kann der Spanndraht in die Maschen eingeflochten werden.

Doppelstabmatten-Zäune

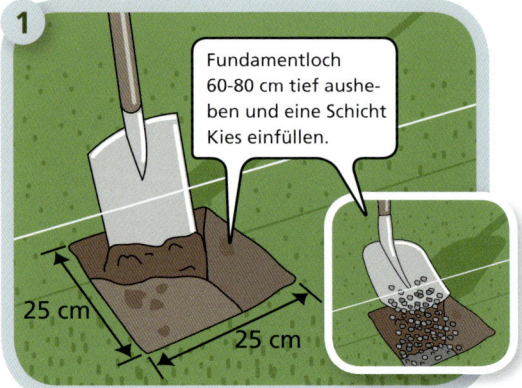

1 Fundamentloch 60-80 cm tief ausheben und eine Schicht Kies einfüllen.

25 cm — 25 cm

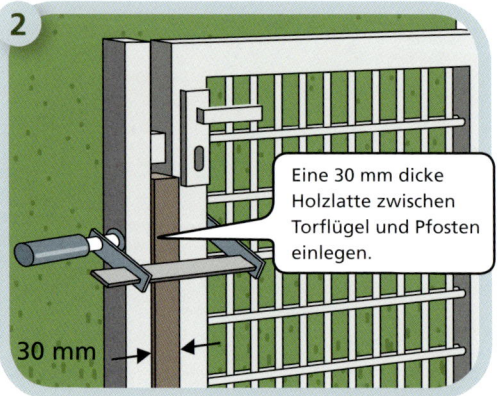

2 Eine 30 mm dicke Holzlatte zwischen Torflügel und Pfosten einlegen.

30 mm

Je nach Zaunverlauf ist es sinnvoll, das Tor zuerst zu setzen, vor allem, wenn das Tor an einer bestimmten Stelle stehen soll. Danach dann die angrenzenden Zaunelemente setzen und ggf. in der Länge kürzen. Für das Tor zuerst die beiden Pfostenlöcher ausheben und unten eine 10-20 cm dicke Schicht Kies einfül-

len. Das Tor wird dann vormontiert. Die Öffnungsrichtung entsprechend anpassen. Weil das Tor komplett gesetzt wird, muss auch der Schließpfosten angebracht werden. Klemmen Sie eine 30 mm dicke Latte zwischen Torflügel und Pfosten und verbinden beide mit zwei Schraubzwingen.

3

4 Die Oberkante kann nach dem Aushärten des Betons mit einer Grasnarbe abgedeckt werden.

Das Tor hierzu unten mit zwei 60 mm dicken Hölzklötzen abstützen und mit je zwei Dachlatten und Schraubzwingen fixieren. Dabei muss das Tor nach allen Seiten mit einer Wasserwaage gerade ausgerichtet werden. Anschließend Beton anrühren und in das Fundamentloch einfüllen. Mit einem Kantholz den

Beton gut feststampfen. Es dürfen keine Lufteinschlüsse im Beton bleiben. Dieser wird dann wieder bis zur Erdoberkante aufgefüllt. Nach dem Aushärten des Betons den Torflügel auf Leichtgängigkeit prüfen und eventuell nachstellen. Man könnte auch zuerst den Torpfosten mit den Scharnieren setzen, ausrichten und zwei Tage aushärten lassen, dann den Torflügel einhängen und den zweiten Torpfosten setzen. Der zweite Torpfosten wird dabei mit Schraubzwingen fixiert.

Zaunelement so montieren, dass die Seite mit den überstehenden Stäben unten ist.

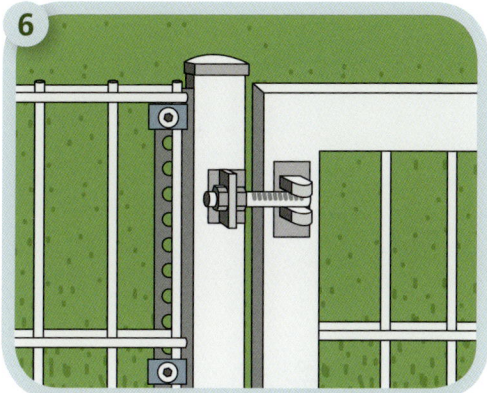

Wenn das Tor sitzt und der Beton ausgehärtet ist, kann mit der Montage der Zaunelemente begonnen werden. Diese werden auf den Boden gelegt und jeweils nur mit einem Pfosten verschraubt. Verschraubt wird mit Klemmplatten und Inbusschlüssel. Da die Elemente immer

an den bereits stehenden Pfosten des vorherigen Elementes befestigt werden, muss am Boden immer nur ein Pfosten angeschraubt werden. Das erste Zaunelement wird am Tor verschraubt. Dabei prüfen, ob sich das Tor einwandfrei öffnen und schließen lässt.

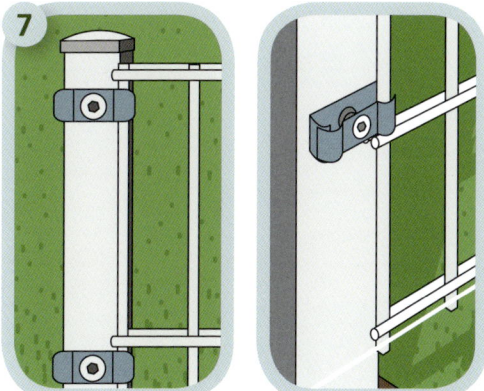

Immer mit der Wasserwaage arbeiten

Achten Sie darauf, dass die Klemmplatten an den richtigen Stellen sitzen. Die oberen werden so angeschraubt, dass sie jeweils die Querstäbe tragen. Die unterste Platte sollte direkt über dem vorletzten Querstab befestigt werden.

Die freie Seite des gerade gesetzten Elementes wird wieder mit zwei Latten und einer Schraubzwinge stabilisiert. Richten Sie es dabei an den Schnüren und mit einer Wasserwaage genau aus. Dann das Fundamentloch mit Beton füllen.

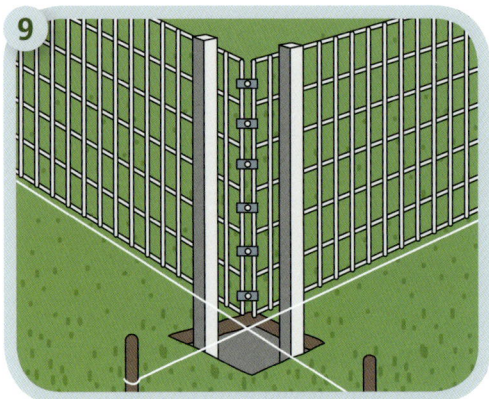

9

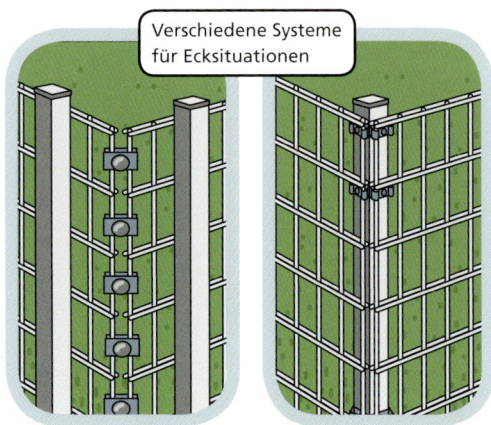

Verschiedene Systeme für Ecksituationen

Wenn Ihr Zaun die Richtung ändern muss, gibt es, je nach Zaunsystem, spezielle Lösungen. Zuerst muss aber der Zaunverlauf über Eck mit Schnüren markiert werden. Es gibt Systeme, die mit speziellen Eckverbindern arbeiten. Dabei werden Endpfosten gesetzt und die bei-

den zusammenstoßenden Zaunelemente über spezielle Eckverbinder verschraubt. Andere Systeme arbeiten mit speziellen Eckpfosten, bei denen auf zwei Seiten entsprechende Halteschellen zur Befestigung der Zaunelemente angebracht sind.

10

11

In einigen Fällen passen die Zaunelemente nicht ganz genau. Dann muss auf einer Seite gekürzt werden. Am einfachsten geht das mit dem Trennschleifer. Legen Sie die Zaunmatte so auf den Boden, dass Sie ungehindert arbeiten können.

Die Schnittkanten müssen anschließend gegen Korrosion geschützt werden. Der verwendete Anstrich richtet sich natürlich nach dem Zaunsystem und der Farbe.

Werkzeug

1 Wasserwaage
2 Ringpinsel
   (passend zum Anstrichmittel)
3 Zollstock
4 Bandmaß
5 Hammer
6 Schraubenschlüssel
7 Schraubendreher
8 Schnur
9 Flachzange
10 Spaten und Schaufel
11 Winkelschleifer
12 Schraubzwingen
13 Bleistift

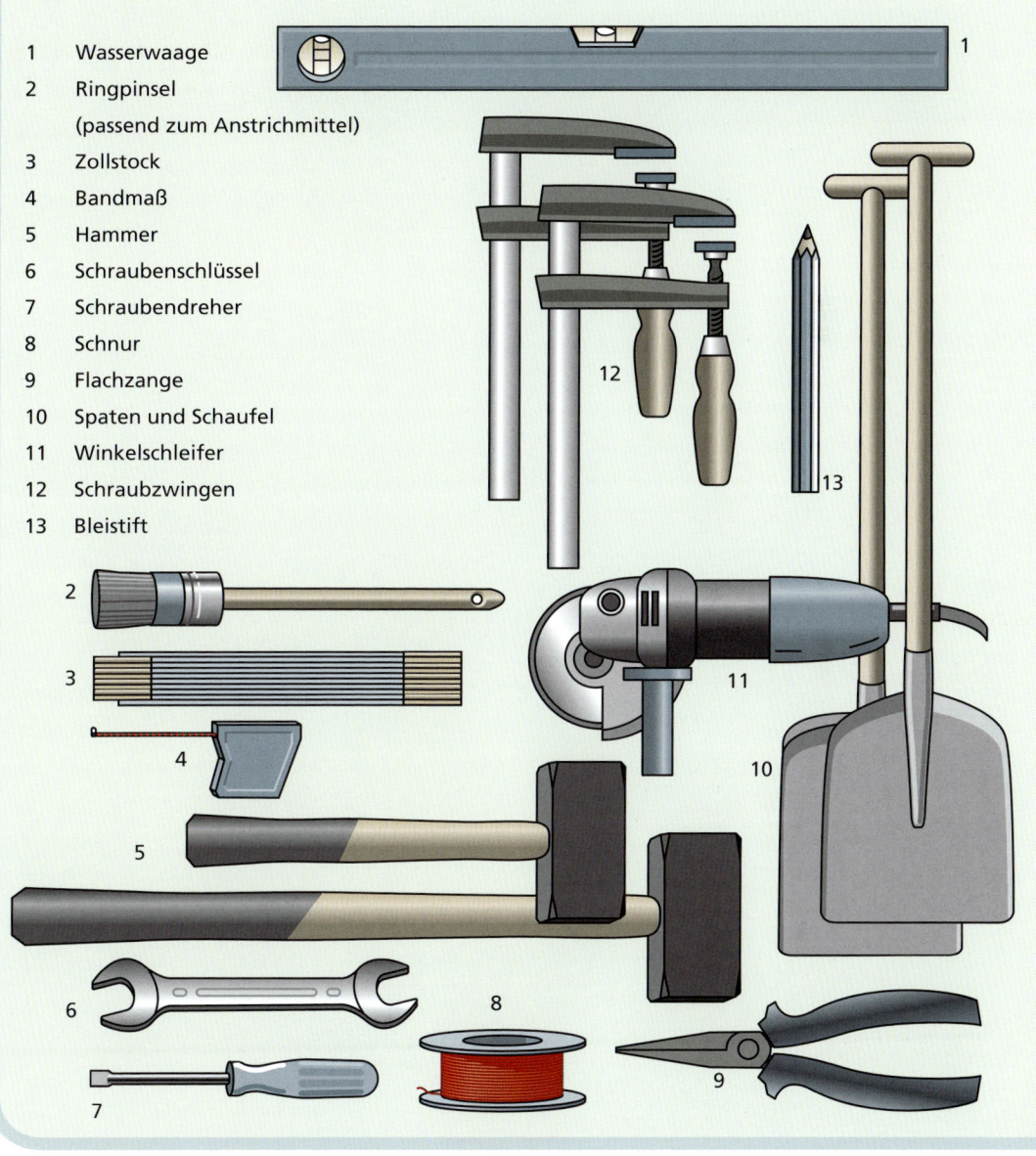

Gabionen-Sichtschutz-wand

Gabionen werden heute als Drahtgabionen für gestalterische und funktionale Zwecke bei Außenanlagen verwendet. Neben der ursprünglichen Verwendung zur Hangbefestigung findet man sie auch als Sichtschutzelement. Ihr großer Vorteil ist die extreme Langlebigkeit.

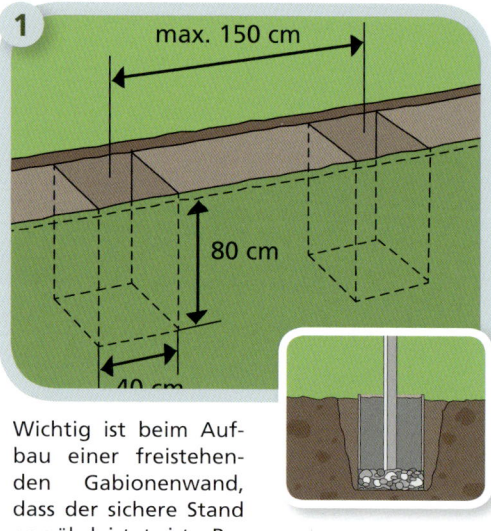

Wichtig ist beim Aufbau einer freistehenden Gabionenwand, dass der sichere Stand gewährleistet ist. Beachten Sie auch die Bestimmungen zur Grundstücksgrenze und die speziellen Empfehlungen des jeweiligen Herstellers.

Zur Stabilisierung der freistehenden Gabionenwand werden innenliegende Stützpfosten verwendet. Heben Sie die Standfläche in der Länge und Breite der Wand ca. 5 cm tief aus. Danach werden zusätzliche Fundamentlöcher ausgehoben und unten mit einer ca. 10-20 cm dicken Kiesschicht gefüllt. Innenliegende Stützpfähle sollten einen maximalen Abstand von 150 cm haben. Je nach System kann es auch erforderlich sein, die Stützen im Abstand der Gabionenlänge zu montieren, damit diese an den Schmalseiten befestigt werden können. In der Regel gehen die Stützpfähle bis ca. 10-20 cm unter die Gabionenoberkante. Nach dem Setzen der Pfähle wird der Graben mit Kies oder wahlweise auch mit Beton gefüllt.

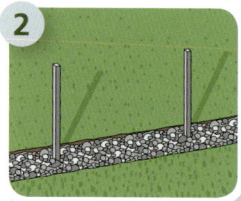

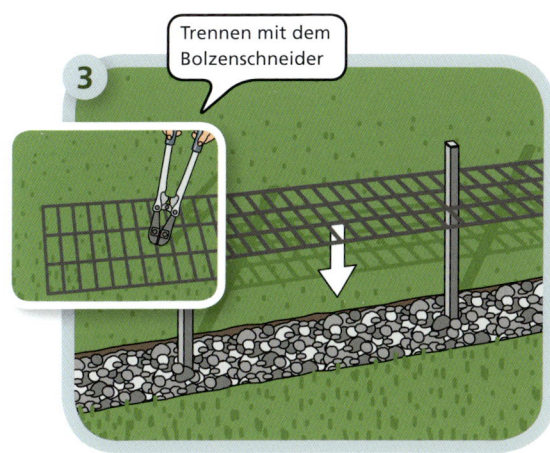

3 Trennen mit dem Bolzenschneider

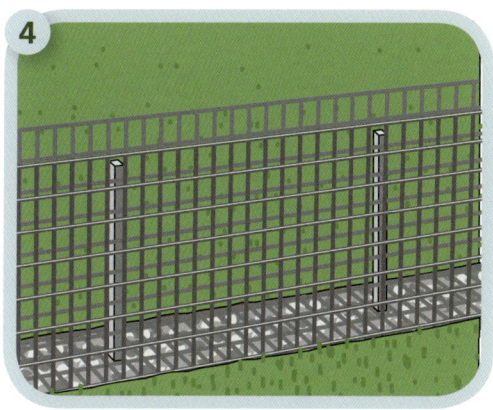

4

Bei Gabionenbausätzen werden alle Seitenwände separat geliefert und auf der Baustelle zusammengebaut. Je nach System gibt es unterschiedliche Verbindungsarten (siehe Übersicht unten). Auf der Bodenfläche werden die benötigten Öffnungen für die Stützpfosten mit einem Bolzenschneider herausgetrennt,

falls die Maschenweite oder Position nicht passt. Nun können die Seitenwände entsprechend des gewählten Verbindungssystems montiert werden. Prüfen Sie den korrekten Stand der Gabione auch mit der Wasserwaage nach, denn nach dem Befüllen ist keine Korrektur mehr möglich.

Spiral-Gabione

Klammer-Gabione

Ösen-Gabione

Das Merkmal dieser Gabione ist das Verbindungselement der Spirale. Diese lässt sich einfach in die Gittermatten an den Eckverbindungen eindrehen.

Zum Verbinden der Gitter werden Profi-Clips oder C-Klammern verwendet.
Die Klammern werden einfach mit einer Zange zusammengedrückt.

Die Eckverbindung erfolgt hier mit Steckstäben. Die Stäbe werden einfach durch die vorhandenen Ösen geführt und verbinden beide Seiten optimal.

Legen Sie die Halter immer über Kreuz um die Schweißpunkte der Matten, so dass sie sich nicht verschieben.

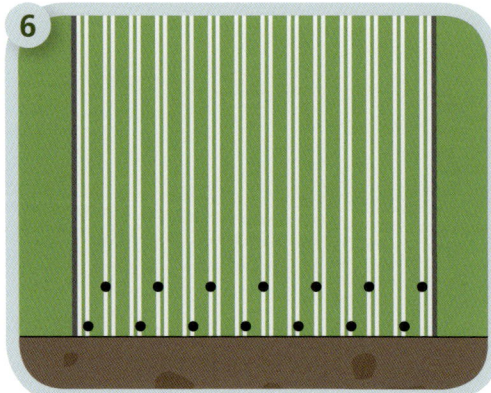

Damit sich die Seitenwände durch das hohe Steingewicht nicht nach außen biegen, werden Distanzhalter eingebaut. Platzieren Sie die Halter so wie es der jeweilige Hersteller vorgibt. Die Abstände hängen zum einen von der Art der Füllung ab und zum anderen von der Beschaffenheit der Gabione. Hängen Sie

die Distanzhalter immer so früh wie möglich ein, damit sich die Seitenwände zum Einhängen noch zusammenziehen lassen. Wenn das verwendete Gabionensystem keine Bodenfläche vorsieht, müssen bereits an der untersten Drahtreihe Distanzhalter angebracht werden.

Nach einer ersten Befüllung wird eine Reihe Distanzhalter eingesetzt. Halten Sie bei dieser Arbeit ein passendes Holzstück bereit, das durch die Maschen der Seitenwand passt und Korrekturen an der Steinfüllung ermöglicht. Nicht immer fallen die Steine in die gewünschten Zwischenräume. Fahren Sie dann mit dem

Expertentipp

Sie werden im Laufe der Zeit feststellen, dass sich die Steinfüllung noch setzt, weil sie in die vorhandenen Zwischenräume rutscht. Eine kleine Reserve ist nützlich, falls später nachgefüllt werden muss. Je nach Steingröße kann dieser Effekt deutlich sichtbar sein. Wichtig ist das vor allem, wenn Sie eine ausgefallene Steinsorte gewählt haben, die nicht jederzeit nachgekauft werden kann.

Befüllen und Montieren der Distanzhalter bis zur vollen Höhe der Gabione fort. Oben wird die Gabione mit einem Deckel aus dem gleichen System geschlossen.

Werkzeug

1　Bolzenschneider
2　Baueimer
3　Schaufel
4　Spaten
5　Zollstock

1

3

4

5

2

Hofeinfahrt pflastern

Wir wünschen uns nicht nur eine schöne, sondern insbesondere eine langlebige Pflasterung. Neben einer gründlichen Planung erfordert diese Arbeit auch noch einige Helfer zur Ausführung. Wenn Sie unsere Schritt-für-Schritt-Anleitung befolgen, sollte dem Gelingen nichts mehr im Wege stehen. Viele Tipps kann Ihnen auch Ihr Baustoffhändler geben, mit dem Sie die Abwicklung der Anlieferung genau besprechen sollten.

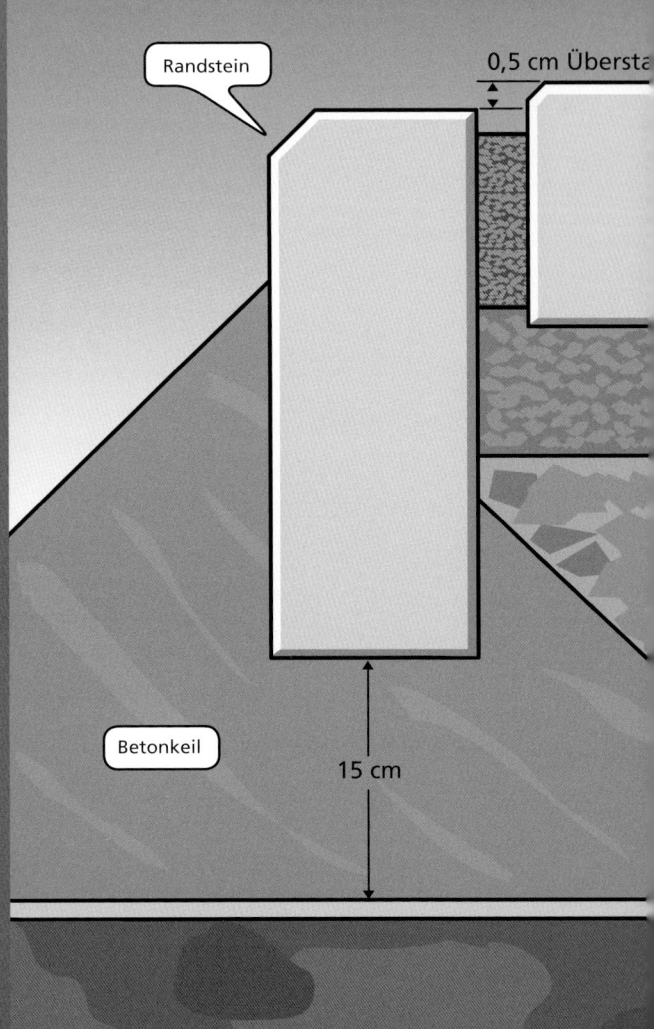

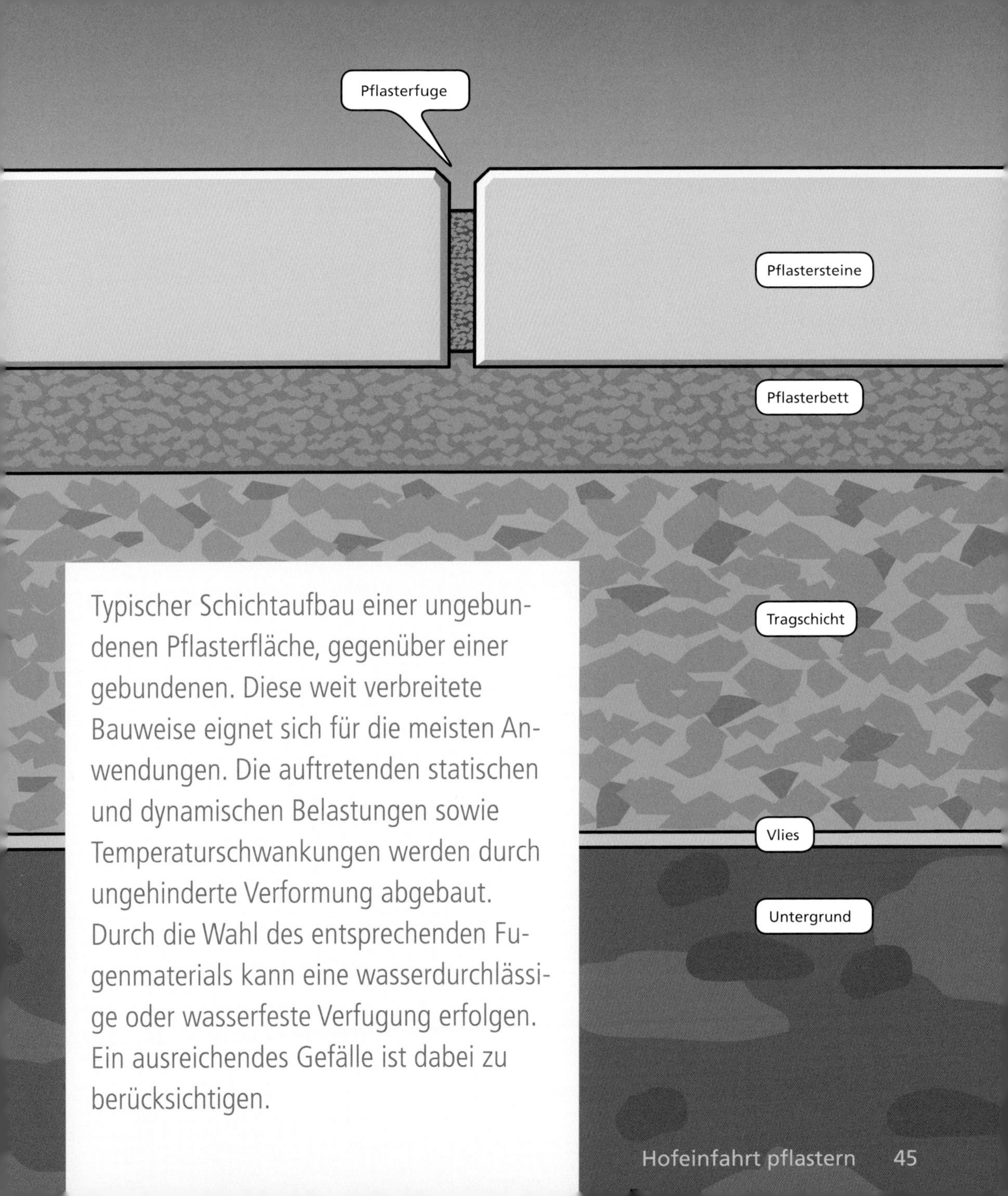

Pflasterfuge

Pflastersteine

Pflasterbett

Tragschicht

Vlies

Untergrund

Typischer Schichtaufbau einer ungebundenen Pflasterfläche, gegenüber einer gebundenen. Diese weit verbreitete Bauweise eignet sich für die meisten Anwendungen. Die auftretenden statischen und dynamischen Belastungen sowie Temperaturschwankungen werden durch ungehinderte Verformung abgebaut. Durch die Wahl des entsprechenden Fugenmaterials kann eine wasserdurchlässige oder wasserfeste Verfugung erfolgen. Ein ausreichendes Gefälle ist dabei zu berücksichtigen.

Pflasterfläche

1 Verlegefläche vorbereiten

Gewachsener Boden

Bodenaushub: Je nach Wasserdurchlässigkeit des Bodens, wird die Fläche 40-50 cm tief ausgehoben. Maßgeblich ist das Maß bis zur Oberkante des fertigen Pflasterbelages. Normalerweise wird hier mithilfe eines „Miet"-Baggers gearbeitet. Bei kleinen Flächen kann natürlich auch per Hand ausgehoben werden.

Mit diesem Schnelltest können Sie ganz einfach die Wasserdurchlässigkeit Ihres Bodens überprüfen. Bei der versickerungsfähigen Bauweise müssen alle Schichten ausreichend wasserdurchlässig sein.
So funktioniert der Schnelltest: Legen Sie sich Spaten, Zollstock, 10-Liter-Eimer, Uhr, Stift und Papier bereit. Heben Sie eine Grube von 40 x 40 cm aus. Heben Sie die Grube so tief aus, bis Sie auf die geplante Sohle der späteren Tragschicht kommen. Die Sohle soll möglichst eben sein. Füllen Sie 10 Liter Wasser in die Grube. Stellen Sie die Zeit fest, die das Wasser zum vollständigen Versickern benötigt.

2 Untergrund verdichten. Rüttelplatte mit 350-400 kg.

Die ausgehobene Fläche muss eben sein und ein Gefälle von ca. 2,5 % aufweisen. Die Fläche wird bis zur Standfestigkeit verdichtet. Diese ist erreicht, wenn ein schwerer Pkw bzw. ein kleiner Lkw beim Befahren keine Spurrillen mehr hinterlässt.

Auswertung:

Versickerungszeit	Bodendurchlässigkeit
< 2 Min.	Gut. Versickerungsfähiger Aufbau möglich.
2-20 Min.	Ausreichend. Tragschicht jedoch 10 cm höher wählen.
> 20 Min.	Nur gering durchlässig. Versickerungsfähiger Aufbau nicht zu empfehlen.

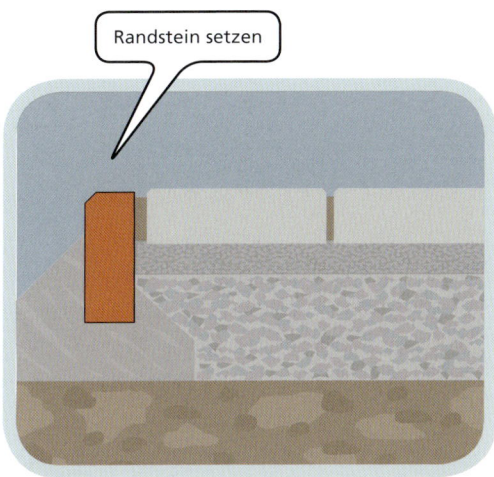

Randstein setzen

Randeinfassung: Hofflächen mit Verkehrsbelastung benötigen eine stabile Einfassung. Die Fläche wird daher mit einer umlaufenden Randeinfassung versehen, um Verschiebungen durch die Nutzung zu vermeiden. Geeignet sind z.B. Tiefbordsteine oder Randsteine passend zum verwendeten Pflaster.

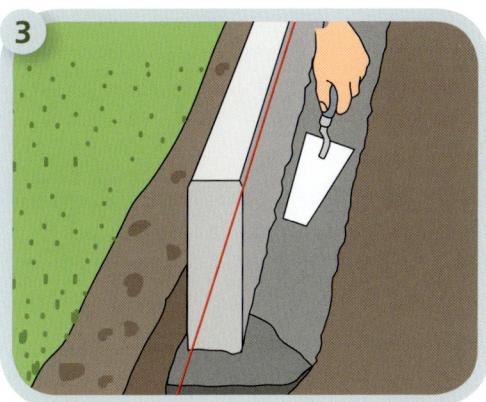

Das Setzen der Randsteine erfolgt entlang einer gespannten Schnur. Diese wird zuvor an der geplanten Fläche zwischen Schnureisen mit dem nötigen Gefälle gespannt. Das Setzen der Steine erfolgt mit erdfeuchtem Beton, wobei die Steine eine seitliche Stütze bekommen.

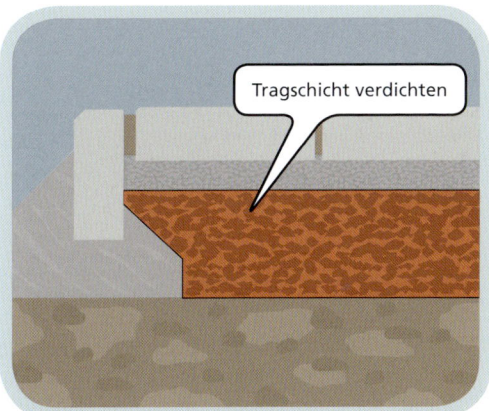

Tragschicht verdichten

Tragschicht: Auf die ausgehobene Fläche wird die Tragschicht aufgebracht. Die Dicke richtet sich nach dem Gesamtaufbau abzüglich der Dicke des Pflasters und dem Pflasterbett. Im privaten Bereich ist eine Dicke von 20 cm ausreichend. Das Gefälle der Tragschicht muss dem

Gefälle der Pflasterfläche entsprechen. Am besten wird das Material für die Tragschicht zweilagig eingebaut, das heißt jede Lage wird einzeln verdichtet. Als Material für die Tragschicht ist Schotter der Körnung 0/32 oder 0/45 mit geringem Feinkornanteil geeignet.

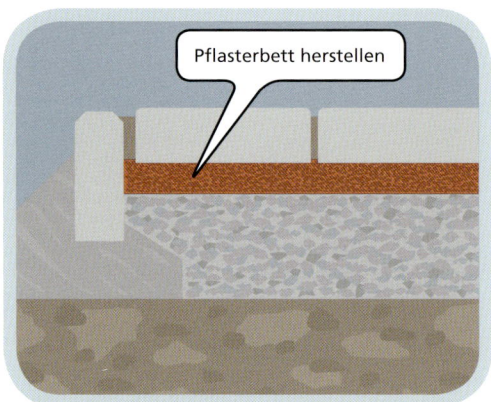

Pflasterbett herstellen

5

Auf die Tragschicht wird das Material für das Pflasterbett aufgebracht. Berücksichtigen Sie, dass sich das Material noch verdichtet und nach dem Verlegen des Pflasters ca. 0,5 cm setzen kann. Das Pflasterbett selbst wird nicht verdichtet. Auch die Schichtdicke sollte gleich sein. Höhenunterschiede werden zuvor durch

die Tragschicht ausgeglichen. Das Pflasterbett soll im verdichteten Zustand eine Dicke von ca. 4 cm haben. Geeignet ist hier Splitt der Körnung 2/5 oder auch ein Gemisch der Körnung 2/5 und 1/3 (abgestimmt auf das jeweils verwendete Fugenmaterial).

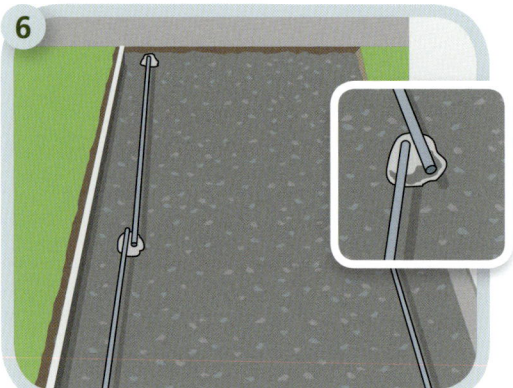

6

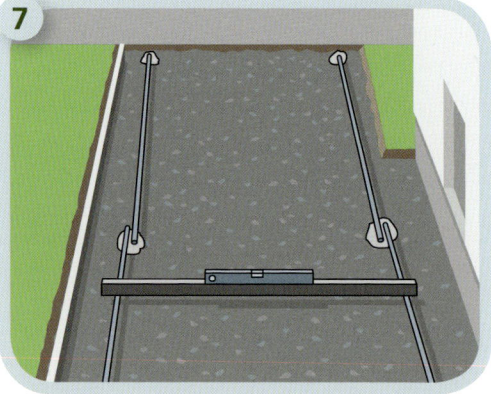

7

Vor dem Verteilen des Materials werden Abziehlehren verlegt. Geeignet sind z. B. Rohre von 1 Zoll Ø. Diese werden auf der Fläche so verlegt, dass sie durch Unterlegen von Bettungsmaterial auf die gewünschte Schichtdicke ausgerichtet sind. Zu kurze Rohre werden durch Zusammensetzen einfach verlängert.

Nun beginnt das Ausrichten, indem mit Wasserwaage und Richtscheit alle Verlegerichtungen genau ausgerichtet werden. Es muss auch ein Gefälle vom Haus weg und in Richtung Ablauf berücksichtigt werden.

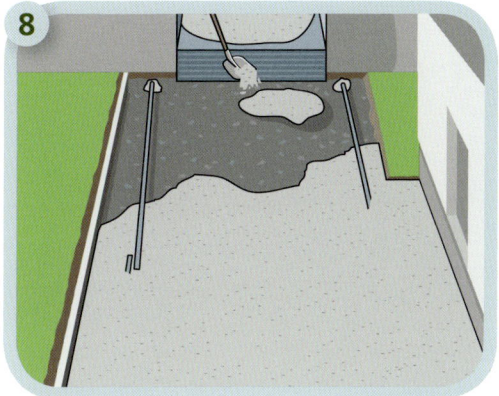

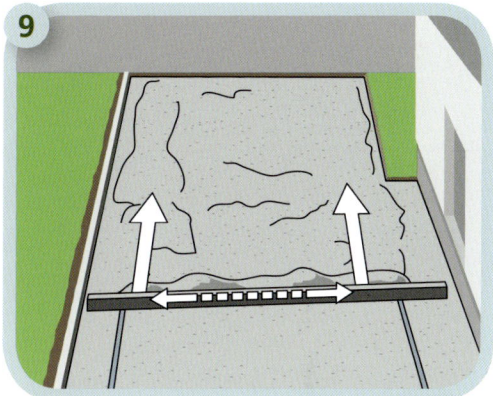

Je nach Möglichkeit kann das Material für das Pflasterbett direkt vom Lieferfahrzeug auf die Fläche gebracht werden. Auch eine Anlieferung in Transportsäcken, sogenannten Big-Bags, ist möglich. Diese werden vom Lieferanten mit dem benötigten Material an der Baustelle abgestellt. Achten Sie beim Verteilen

des Splitts darauf, dass sich die Abziehlehren nicht verschieben. Danach kann die Fläche mit einem Abziehbrett oder einer Abziehlatte durch seitliche, sägeartige Bewegungen abgezogen werden. Zu viel oder zu wenig Material wird direkt aufgefüllt oder entnommen.

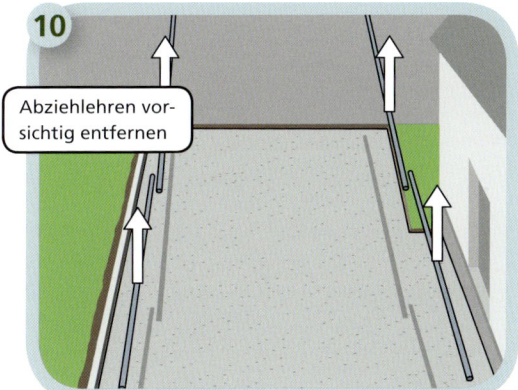

Abziehlehren vorsichtig entfernen

Die Abziehlehren werden nach dem Abziehen entnommen und die entstandenen Hohlräume mit dem entsprechenden Bettungsmaterial gefüllt und mit der Kelle glattgestrichen. Je nach Verlegung der Abziehlehren kann es schwierig sein, diese wieder zu entnehmen, ohne das

Material zu betreten. In diesem Fall entnehmen Sie die Abziehlehren im Verlauf der Pflasterverlegung. Die entstehenden Vertiefungen können noch während der Pflasterverlegung aufgefüllt werden.

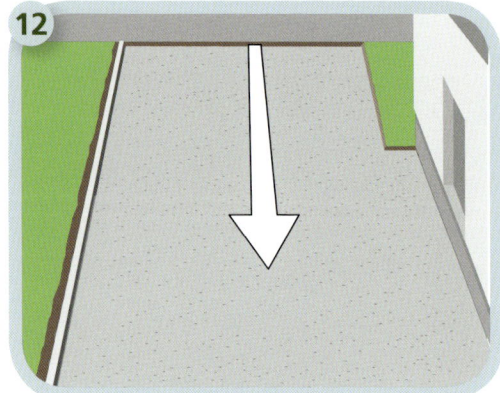

Jetzt beginnt die eigentliche Verlegung des Pflasters. Das hier gezeigte Betonpflaster besteht aus drei verschiedenen Steinbreiten in drei verschiedenen Längen. Am schönsten wird die Fläche, wenn die Steinreihen (schmale, mittlere und breite Steinreihe) regelmäßig wiederholt werden. Abwechslung kommt durch die unterschiedliche Länge der Steine in das Verlegebild. Arbeiten Sie bei der Verlegung von Betonpflaster immer von der bereits verlegten Seite aus. Man nennt diese Verlegung auch „Über-Kopf-Verlegung". Das hat den großen Vorteil, dass das Pflasterbett währenddessen nicht betreten wird.

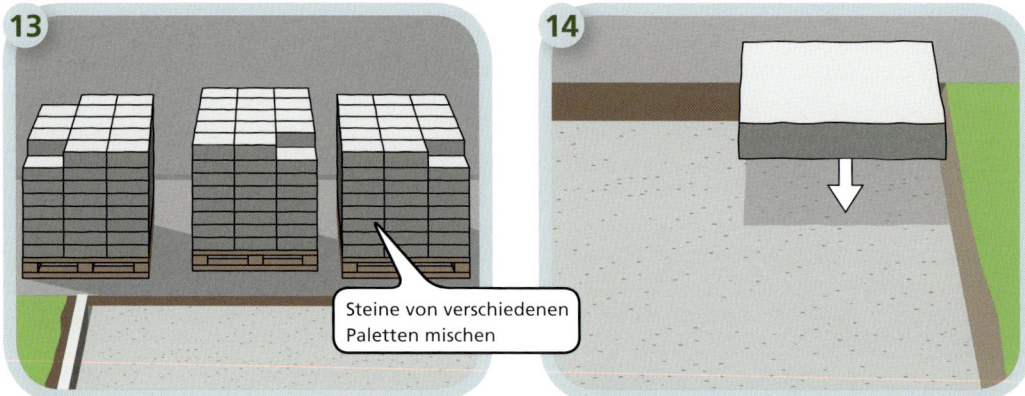

Steine von verschiedenen Paletten mischen

Jeder Hersteller empfiehlt, die Pflastersteine während der Verlegung immer aus verschiedenen Paketen bzw. Paletten zu entnehmen. Das ist wichtig, um ein gleichmäßiges Verlegebild zu bekommen, denn die Produktion der Steine unterliegt technisch bedingten Schwankungen. Bei gemischten Formaten, wie dem hier gezeigten Pflaster, sind die Steine auf der Palette bereits zu verschiedenen Größen je Lage verpackt. Das erleichtert die Verlegearbeit enorm. Setzen Sie dann den ersten Stein in einer Ecke beginnend auf das Pflasterbett. Der Stein wird nur lose aufgelegt und nicht eingeklopft.

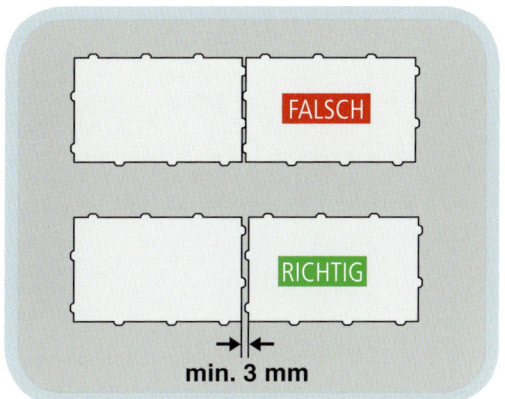

Je nach Hersteller sind an den Seitenrändern der Pflastersteine Ausbuchtungen, sogenannte Abstandshalter. Man sollte sich aber nicht darauf verlassen, dass diese ausreichen. Ein ausreichender Fugenabstand liegt zwischen 3 und 5 mm. Dieser wird auch vom Hersteller vorgegeben und ist unbedingt zu beachten.

Die richtige Fugenbreite ist wichtig

Die eigentliche Festigkeit der Pflasterfläche kommt erst durch die richtige Fuge. Würde man das Pflaster ohne ausreichende Fuge verlegen, würde es sehr schnell durch das Befahren beschädigt werden. Die Steinkanten würden abplatzen und die Steine wackeln.

Die seitlichen Steinlücken, die während der Verlegung von unterschiedlich langen Steinen automatisch entstehen, werden zum Schluss in einem Arbeitsgang aufgefüllt. Dadurch lässt sich rationell arbeiten und die Verlegefläche ist schnell begehbar.

Expertentipp

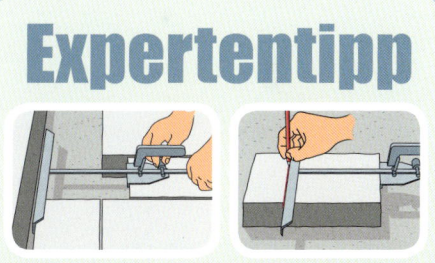

Für das schnelle und sichere Übertragen von Steinlängen und Winkeln gibt es diese spezielle Mess- und Anreißlehre. Dieses Werkzeug wird an der entsprechenden Lücke angelegt und die benötigte Steinlänge durch Verschieben der Lehre eingestellt. Dann einfach die Lehre an einem Stein anlegen und das Maß oder auch den Winkel anzeichnen. Den Stein dann mit einem Steinknacker oder Nassschneider schneiden.

17

Auf die richtige Körnung kommt es an

18

Das benötigte Fugenmaterial wird vom Steinhersteller vorgeschrieben. Die Körnung des Materials darf nicht kleiner als bei der Pflasterbettung sein. Ansonsten würde das Fugenmaterial in die Hohlräume des Bettungsmaterials abrutschen. Beides muss also aufeinander

abgestimmt sein. Nach der Verlegung wird das Fugenmaterial auf der Fläche verteilt und mit einem Besen diagonal zu den Fugen eingekehrt. Wenn alle Fugen lückenlos gefüllt sind, wird der Rest des Fugenmaterials von der Fläche genommen.

19

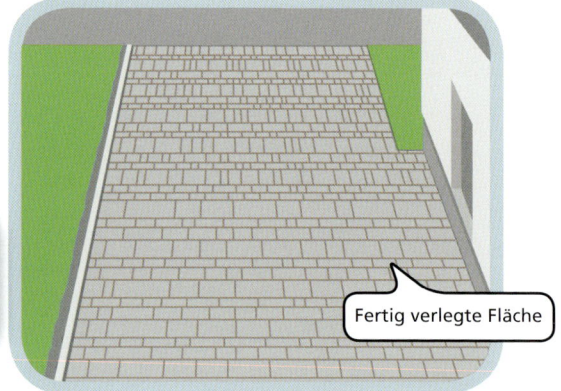

Fertig verlegte Fläche

Die verfugte Fläche wird nun mit einem Flächenrüttler abgerüttelt. Wichtig: Der Rüttler muss eine Gummiplatte haben, damit das Pflaster beim Abrütteln nicht beschädigt wird. So werden alle Steine auf eine Höhe gebracht und setzen sich dadurch um ca. 1 cm. Nach dem Abrütteln kann nochmals Fugenmateri-

al eingekehrt und die entstandenen Lücken damit aufgefüllt werden. Erst danach ist die Pflasterfläche voll belastbar. Beachten Sie bei den beschriebenen Arbeitsschritten und Materialien immer auch die Hinweise der jeweiligen Hersteller, damit Sie auf der sicheren Seite sind.

Verlegemuster für Betonpflaster

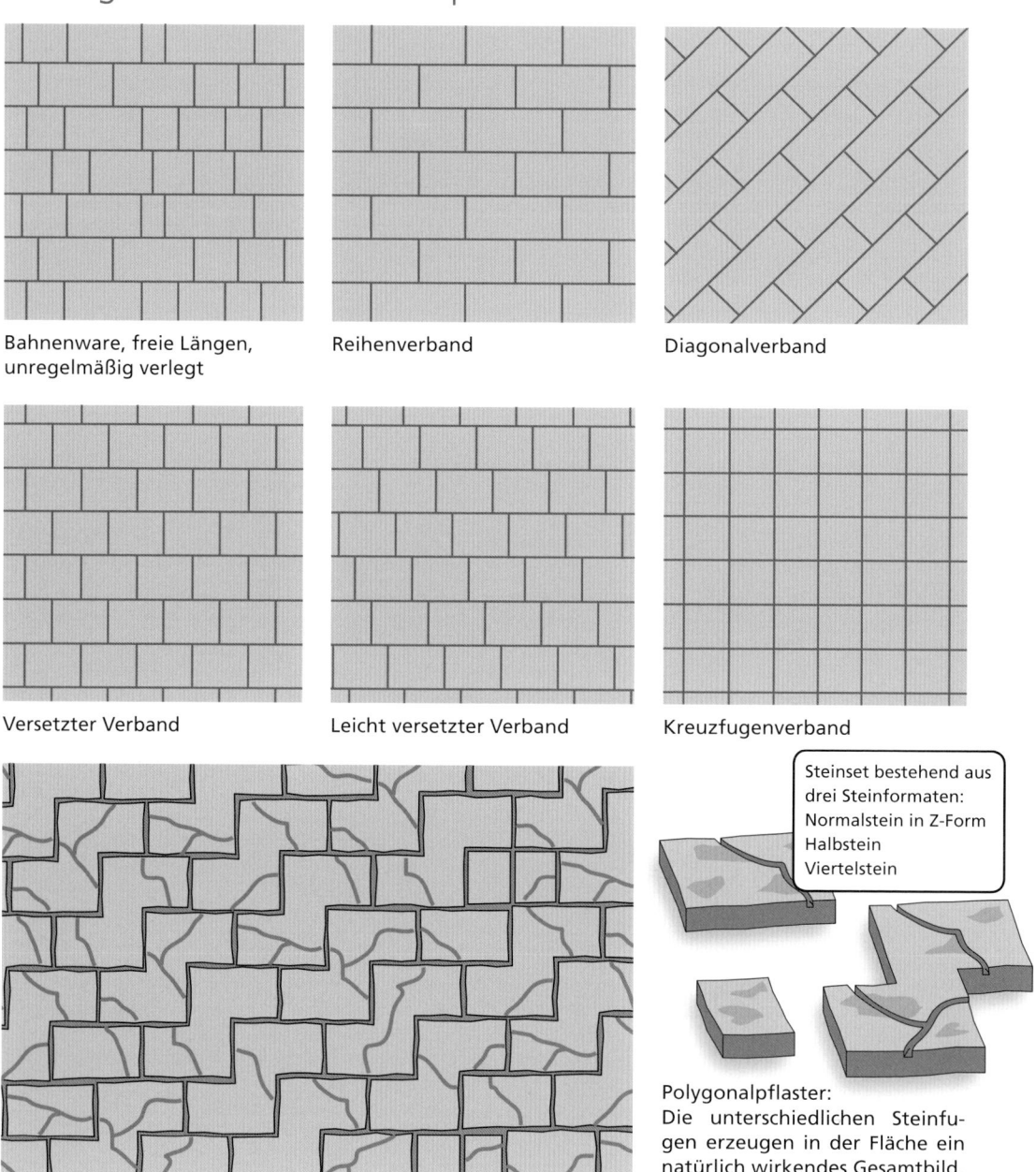

Bahnenware, freie Längen, unregelmäßig verlegt

Reihenverband

Diagonalverband

Versetzter Verband

Leicht versetzter Verband

Kreuzfugenverband

Steinset bestehend aus drei Steinformaten:
Normalstein in Z-Form
Halbstein
Viertelstein

Polygonalpflaster:
Die unterschiedlichen Steinfugen erzeugen in der Fläche ein natürlich wirkendes Gesamtbild.

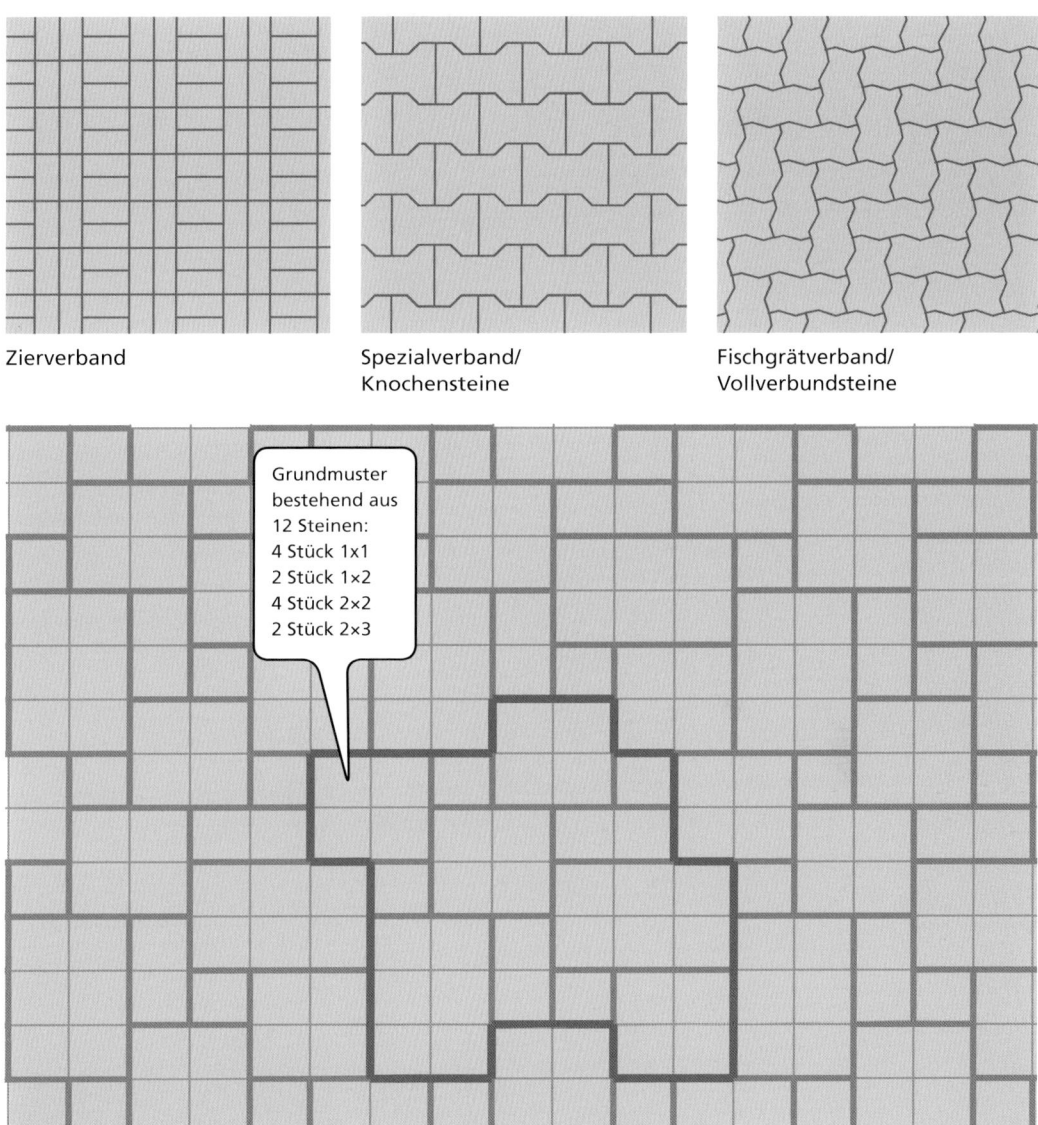

Zierverband

Spezialverband/
Knochensteine

Fischgrätverband/
Vollverbundsteine

Grundmuster
bestehend aus
12 Steinen:
4 Stück 1x1
2 Stück 1×2
4 Stück 2×2
2 Stück 2×3

Römischer Verband:
Es wird ein Grundelement aus quadratischen oder rechteckigen Steinen unterschiedlicher Abmessungen verwendet. Größere Flächen werden durch Wiederholung des Grundelementes erstellt. Für ein gutes Erscheinungsbild sollten Kreuzfugen vermieden werden. Nie mehr als zwei gleiche Steine nebeneinander legen und fortlaufende Fugen von mehr als einem Meter Länge vermeiden.

Verlegemuster für Natursteinpflaster

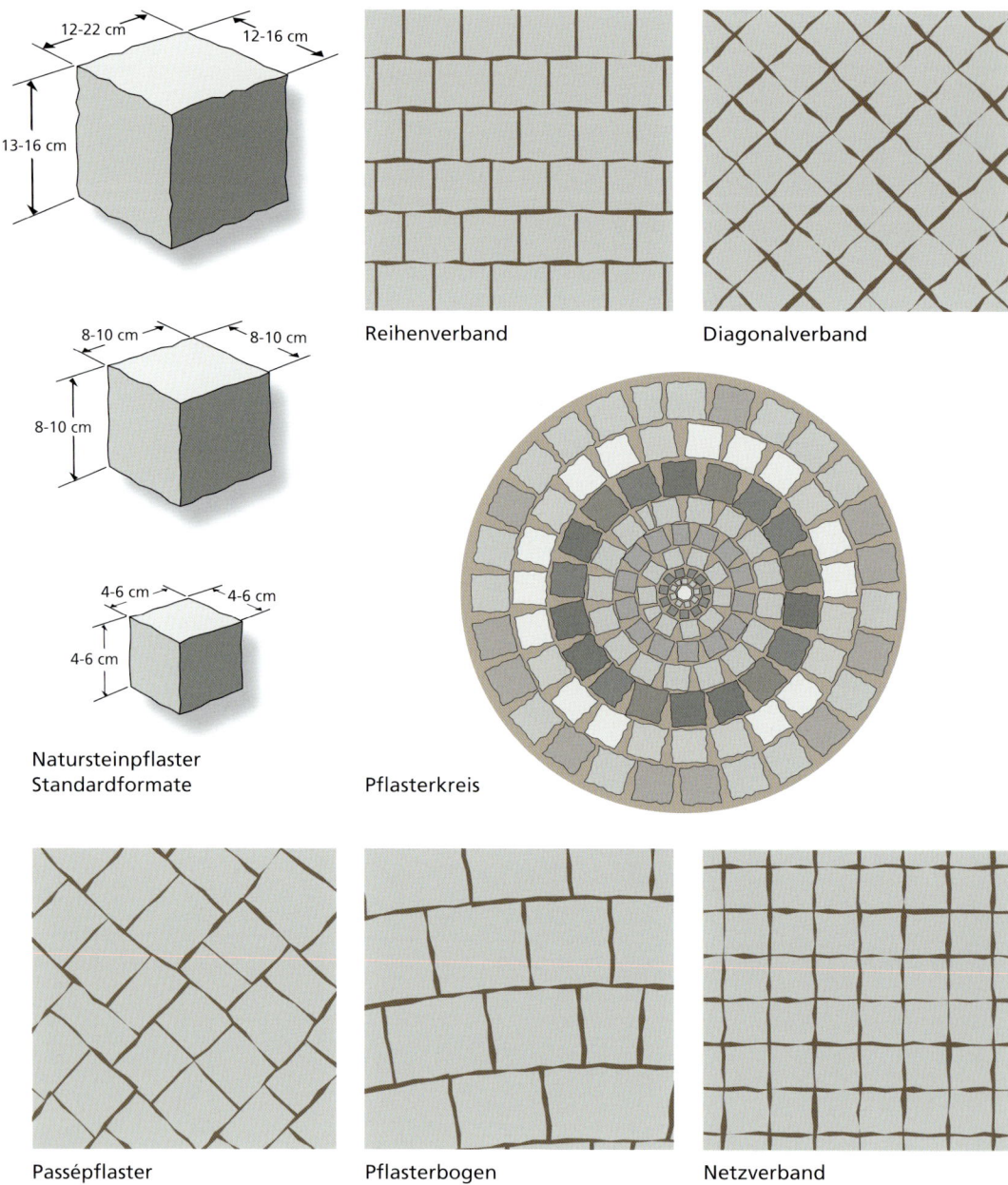

12-22 cm 12-16 cm

13-16 cm

8-10 cm 8-10 cm

8-10 cm

4-6 cm 4-6 cm

4-6 cm

Natursteinpflaster
Standardformate

Reihenverband

Diagonalverband

Pflasterkreis

Passépflaster

Pflasterbogen

Netzverband

Expertentipp

Mit dem Nassschneider oder einem Steinknacker werden Pflastersteine auf die gewünschte Größe gebracht. Beide Maschinen sind über einen Geräteverleih zu bekommen. (Bei kleineren Verlegeflächen reicht unter Umständen der Einsatz eines Winkelschleifers aus. Dieser wird mit einer Steintrennscheibe ausgestattet.) Die Maschine sollte aber leistungsstark sein, sonst besteht keine lange Freude daran. Bei Steinschnittarbeiten sollten Sie wegen der großen Staubentwicklung einen Arbeitsschutz tragen.

Häufig gestellte Fragen

Gibt es bei der Wahl des Pflasterverbandes etwas zu beachten?

Die flächige Ableitung einzelner Lasten kann durch den Verband der Pflastersteine entscheidend beeinflusst werden. Das Abrollen stellt die eigentliche Belastung für die Pflasterdecke dar. Pflastersteine, die mit den Verlegereihen rechtwinklig zur Hauptfahrtrichtung angeordnet sind, sind von dem Problem stärker betroffen als diagonal verlegte Steine. Hierbei werden lediglich zwei Steinfugen zur Kraftübertragung aktiviert. Werden Pflastersteine jedoch diagonal zur Fahrtrichtung angeordnet, so können die der Verdrehung entgegenwirkenden Lasten über alle vier Steinseiten abgetragen werden. Die Diagonalverlegung ist in der Regel also der stabilere Flächenbelag.

Warum ist die Fuge zwischen dem Pflaster so wichtig?

Eine Fugenbreite von 3-5 mm ist zum einen wichtig, um Maßtoleranzen bei den Pflastersteinen ausgleichen zu können und zum anderen, um eine elastische Abstützung zu den jeweiligen Nachbarsteinen herzustellen. Bei dickerem Pflaster ist durch die Fugenhöhe auch die Kraftübertragung besser und das Pflaster somit auch für größere Belastungen geeignet.

Werkzeug

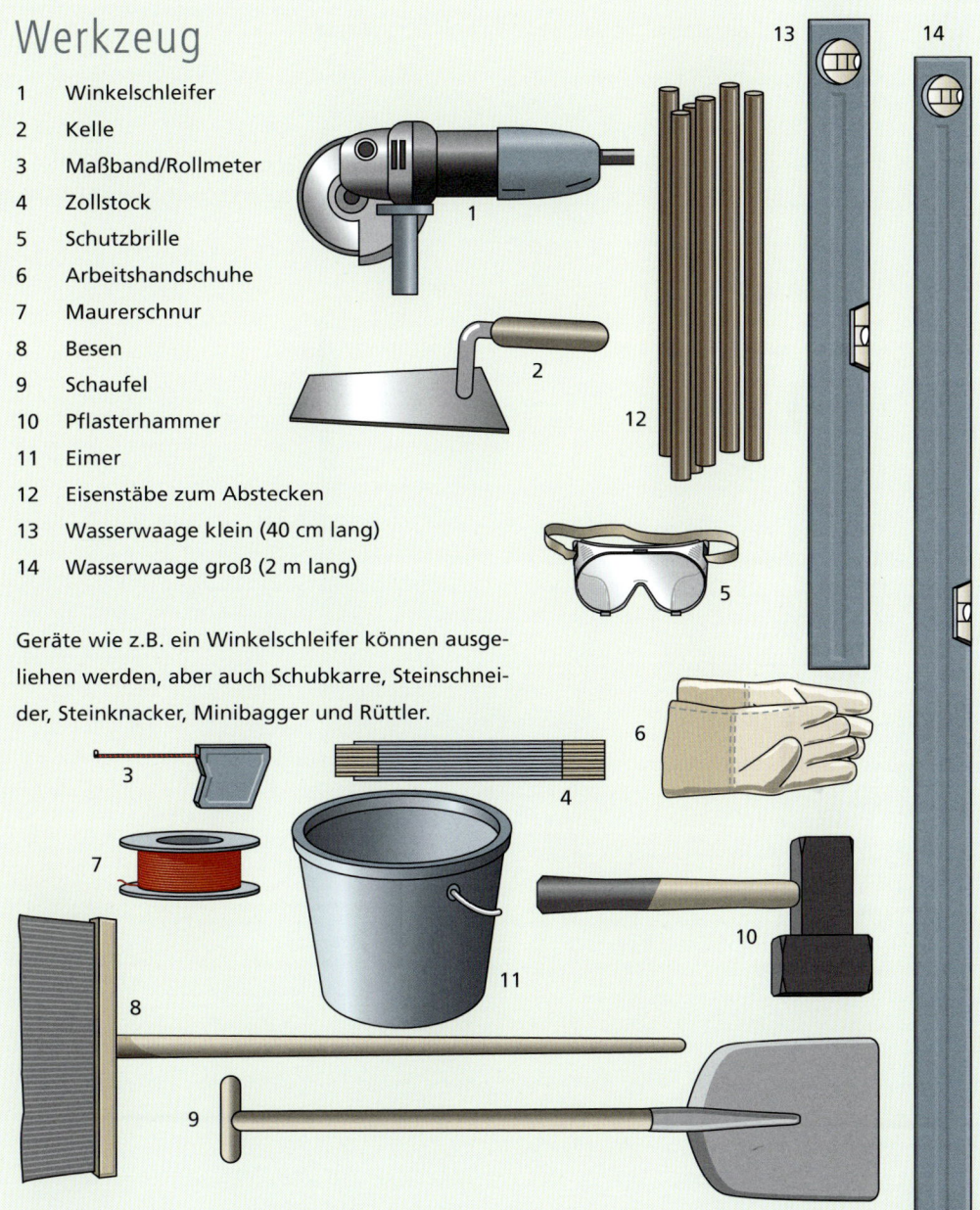

1   Winkelschleifer
2   Kelle
3   Maßband/Rollmeter
4   Zollstock
5   Schutzbrille
6   Arbeitshandschuhe
7   Maurerschnur
8   Besen
9   Schaufel
10 Pflasterhammer
11 Eimer
12 Eisenstäbe zum Abstecken
13 Wasserwaage klein (40 cm lang)
14 Wasserwaage groß (2 m lang)

Geräte wie z.B. ein Winkelschleifer können ausgeliehen werden, aber auch Schubkarre, Steinschneider, Steinknacker, Minibagger und Rüttler.

Gartenweg
anlegen

Ein Gartenweg kann mit großem oder kleinem Aufwand angelegt werden. Entscheidend ist der Garten, denn dieser gibt durch seine Architektur auch die Art des Weges vor. Werden bei der Gartenanlage bereits bestimmte Baustoffe oder Materialien verwendet, so sollte der Gartenweg dies aufgreifen und es sollten korrespondierende Materialien verwendet werden.

Das hier gezeigte Beispiel für einen Gartenweg nutzt ein übliches Betonpflaster, wie ab Seite 54 beschrieben. Hier soll jedoch ein Kurvenverlauf angelegt werden. Der Weg wird in der gewünschten Breite und Form mit Stäben abgesteckt und dazwischen werden Schnüre gespannt. Als Tragschicht wird ein Mineralgemisch (Schotter) benötigt und das Pflaster dann auf einem Pflasterbett aus Verlegesplitt verlegt. Die Endhöhe des Pflasters wird mit der Schnur eingestellt. Richten Sie die Höhe so aus, dass ein Gefälle von 1-2 % das Niederschlagswasser ableiten kann. Für den Kurvenverlauf werden die Steine nur seitlich verschoben. Es werden also keine Schrägschnitte benötigt, was die Verlegearbeit erleichtert.

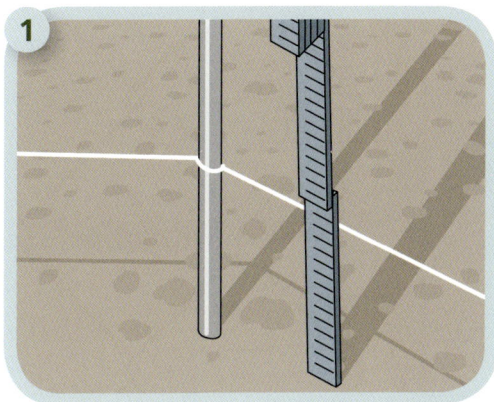

1

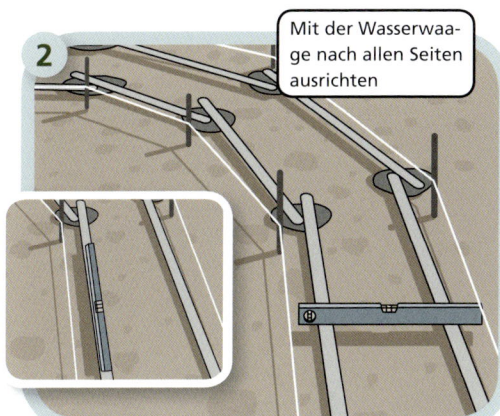

2

Mit der Wasserwaage nach allen Seiten ausrichten

Je höher die Ansprüche an die Tragfähigkeit der Pflasterfläche sind, desto mehr verdichtetes Material muss als Tragschicht eingebaut werden. Wenn durch andere Bauarbeiten entsprechende Maschinen auf der Baustelle sind, kann eventuell ohne großen Zusatzaufwand auch ein verdichtetes Schotterbett angelegt

werden. Für die Verlegung des Pflasters wird dann ein Pflasterbett aus Verlegesplitt oder Sand benötigt. Hierzu werden im Verlauf des Weges Abziehlehren verlegt und mit der Wasserwaage unter Berücksichtigung des Gefälles ausgerichtet. Auch der Kurvenverlauf lässt sich damit legen.

3

4

Auf der Verlegefläche zwischen den Abziehlehren sowie seitlich wird Verlegesplitt verteilt. Die Schnüre können hierbei entfernt werden. Der Splitt wird mit einem Abziehbrett glatt abgezogen. Am besten geht das mit sägeartigen Bewegungen des Abziehbrettes.

Die Abziehlehren dann vorsichtig herausnehmen und die entstandenen Lücken mit Splitt auffüllen.

Das Pflaster wird dann, wie bereits zuvor beschrieben, über Kopf verlegt. Den Kurvenverlauf erreicht man ganz einfach durch seitliches Verschieben der Steine. Das Mischen verschiedener Steinlängen innerhalb der Reihen ergibt ein lebhaftes, nicht zu geradliniges Bild.

Der gezahnte Rand ist hierbei gewünscht und wird später durch das Heranführen der Rasenfläche gefüllt. Damit die Steine aber ihre Position behalten, werden seitlich keilförmige Betonstützen angebracht, die das Wegrutschen verhindern bis die Grasnarbe „festhält".

Direkt nach der Verlegung von Rollrasen muss die Pflasterfläche gut gesäubert werden. Danach ein geeignetes Fugenmaterial einkehren.

Werkzeug zum Pflastern   siehe S. 59

Gartentreppe bauen

Gartentreppe aus Blockstufen planen und bauen

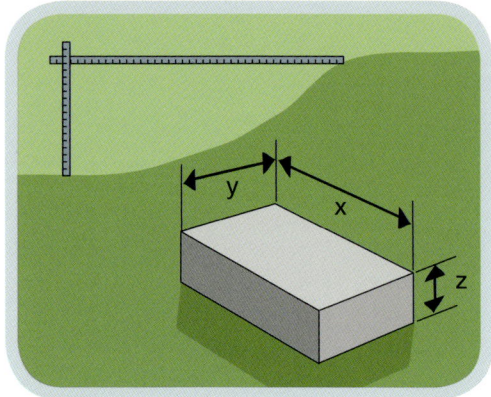

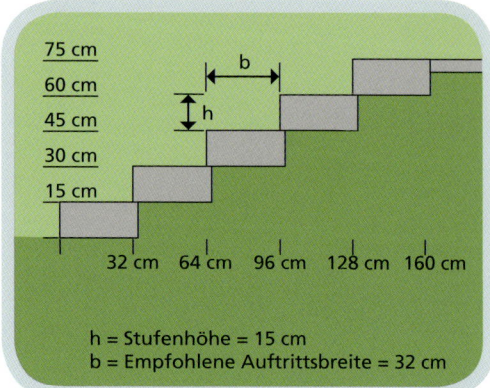

h = Stufenhöhe = 15 cm
b = Empfohlene Auftrittsbreite = 32 cm

Für eine Stufenanlage aus Blockstufen werden die benötigte Gesamthöhe und die Gesamtlänge der Anlage ermittelt. Die Abmessungen der Blockstufen stehen meist fest und berücksichtigen die durchschnittliche Schrittlänge und die sich daraus ergebende Auftrittfläche und Stufenhöhe. Anhand der Gesamtabmessungen kann nun die Stufenanzahl ermittelt werden. Da die Stufen ein erhebliches Gewicht haben, ist eine genaue Planung im eigenen Interesse.

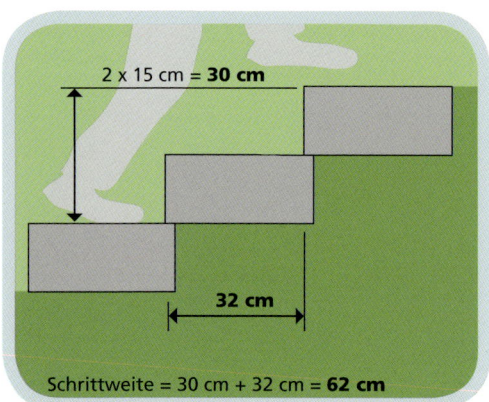

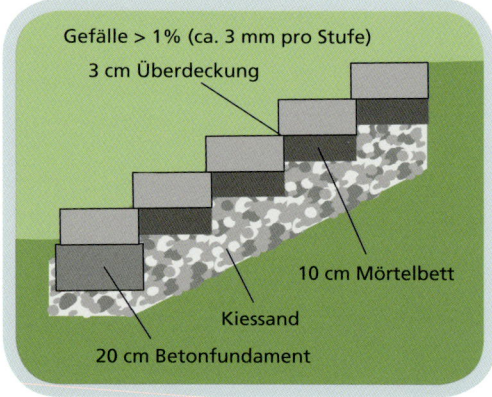

Die unterste Stufe sitzt auf einem 20 cm tiefen, mit Kiessand vor Frost geschützten, Betonfundament und wird genau ausgerichtet. Alle weiteren Stufen werden in ein 10 cm dickes Mörtelbett auf Kiessand gesetzt und ausgerichtet. Die Vorderkante jeder Blockstufe überdeckt die vorherige Stufe um 3 cm. Die einzelnen Stufen werden mit einem 1-prozentigen Gefälle gesetzt, damit Regenwasser nicht darauf stehen bleibt.

Hang befestigen

Das Befestigen und Gestalten von Hängen und Böschungen ist oft mit hohem Materialeinsatz und Kosten verbunden. Einige Techniken bleiben dem Fachbetrieb vorbehalten, weil zum Versetzen der benötigten Materialien ein immenser Maschineneinsatz nötig ist. Es gibt aber auch Varianten, die mit wenigen Hilfsmitteln umzusetzen sind. Das hier gezeigte Setzen von Pflanzringen ist eine gute Möglichkeit zur Herstellung einer stabilen Hangbefestigung.

Zur Planung einer Hangbefestigung sollte der örtliche Baustoffhändler mit einbezogen werden. Je nach Hersteller der Pflanzringe werden auch Empfehlungen über die maximal möglichen Höhen und weitere Einbauhinweise gegeben. Diese sollten unabhängig von der hier beschriebenen Vorgehensweise berücksichtigt werden. Die Bauhöhe hängt wesentlich vom Aufbauwinkel bzw. vom Versatz der einzelnen Steinreihen ab. Je steiler die Wand sein soll, desto schwieriger ist der Aufbau und desto niedriger muss die Wand sein. Pflanzringe werden überwiegend in zwei Größen hergestellt. Die kleineren Steine eignen sich nur für kleinere Aufbauten, haben aber den Vorteil, dass sie mit ihrem geringen Gewicht von ca. 15 kg noch relativ leicht bewegt werden können. Die größeren Pflanzringe erfordern schon einiges an Muskelkraft und werden daher auch zu zweit verarbeitet.

Aus statischen Gründen sollte die Böschungswand stets mit einer Neigung zum Hang bis max. 70° angelegt werden. In Abhängigkeit von Böschungswinkel bzw. Versatzmaß ergibt sich die maximale Aufbauhöhe. Die Pflanzsteine werden, unter Einhaltung des vorgegebenen Versatzmaßes, lagenweise versetzt und dabei zu einem Drittel mit Lava und zu zwei Dritteln mit geeignetem Boden befüllt (z. B. sandiger Lehm). Die Wandrückseite ist mit frostsicherem Material zu hinterfüllen. An Hängen und Böschungen ist zusätzlich eine Drainage vorzusehen. Wenn Sie Zweifel haben, ob die Hangbefestigung von Ihnen richtig geplant ist oder bei größeren Böschungsanlagen sollte unbedingt ein Statiker hinzugezogen werden.

ohne Verkehrslast

Jeder Hersteller gibt für seine Pflanzsteine entsprechende Aufbauempfehlungen. Diese sind dann auch statisch berechnet und müssen befolgt werden.

Versatz

55°

80 cm

frostsicheres Material

Maximale Höhe

Fundamentdicke

50-60 cm

Erdreich

Fundamentbreite

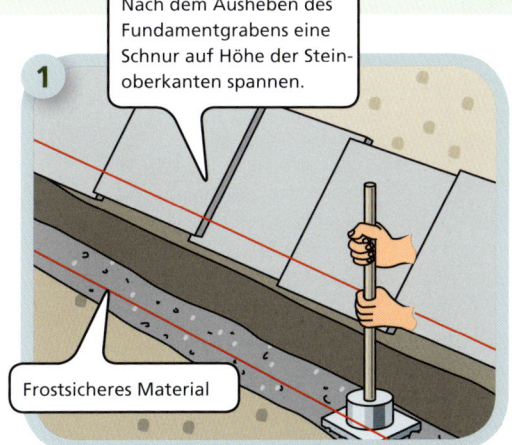

1

Nach dem Ausheben des Fundamentgrabens eine Schnur auf Höhe der Steinoberkanten spannen.

Frostsicheres Material

Die Pflanzringe werden auf einem frostsicheren Betonfundament aufgebaut. In der Breite des Fundamentes sollten 10 cm zum Steindurchmesser hinzugerechnet werden. Heben Sie den Graben für das Fundament entlang einer zuvor gespannten Schnur aus, füllen frostsicheres Material ein und verdichten dieses.

2

Hang gegen Abrutschen sichern.

Die unterste Steinreihe wird dann in eine 4 cm dicke Mörtelschicht gesetzt und waagerecht ausgerichtet. Die Steinausbuchtung des ersten Steines liegt außen. Dadurch können die nachfolgenden Steine am Schnurverlauf ausgerichtet werden. Mit einem Gummihammer den Stein in das Mörtelbett einklopfen.

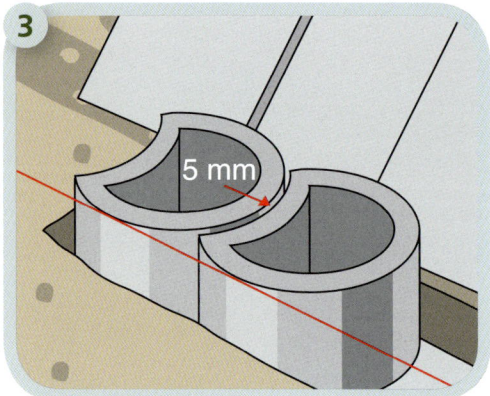

Die Pflanzringe werden dann nacheinander mit einem Abstand von etwa 5 mm in das Mörtelbett gesetzt. Durch den Abstand können Maßtoleranzen der Steine besser ausgeglichen werden, weil diese nicht immer exakt gleich groß sind.

Die einzelnen Steinreihen werden lageweise mit dem vorgeschriebenen Material hinterfüllt und verdichtet. Das Verdichten geht leichter mit einem Elektro- oder Benzinstampfer. Die Hinterfüllung auf der Böschungsseite immer bis zur jeweiligen Oberkante der Steinreihe ausführen.

Pflasterbett herstellen

Die Pflanzsteine dienen neben der Hangbefestigung auch der Gestaltung. Bei geschickter Pflanzenauswahl entsteht nach wenigen Jahren eine dekorative Pflanzenwand, die sich unauffällig in die Umgebung integriert. Durch die Bepflanzung wird die Mauer als Bauwerk nicht mehr wahrgenommen.

Expertentipp

Beim Arbeiten mit schweren Lasten, wie z.B. großen Pflanzringen, ist jede Hilfe willkommen. Eine spezielle Versetzhilfe für Pflanzsteine ermöglicht es, die Steine zu zweit zu tragen und direkt einzubauen. Schwere Lasten immer mit geradem Rücken anheben, denn eine falsche Körperhaltung kann zu Verletzungen führen.

Werkzeug

1 Gummihammer
2 Wasserwaage
3 Schaufel
4 Stampfer

Stichwortver-
zeichnis

Bildnachweis

Zeichnungen: Ulli Bomans

Fotos: S. 2 Stéphane N © www.fotolia.de, S. 5 r o DeVIce © www.fotolia.de,
S. 6-7 Stéphane N © www.fotolia.de, S. 13 Hans-Peter Moehlig © www.
fotolia.de, S. 19 EDEN © www.fotolia.de, S. 20 o DeVIce © www.fotolia.de,
S. 20 u Christian Neu © www.fotolia.de, S. 36-37 goldbany © www.fotolia.de,
S. 58 u DeVIce © www.fotolia.de

Alle übrigen Bildrechte liegen bei den Autoren.

Bibliografische Information der Deutschen Bibliothek

Die Deutsche Bibliothek verzeichnet diese Publikation in der Deutschen
Nationalbibliografie; detaillierte bibliografische Daten sind im Internet über
http://dnb.ddb.de abrufbar.

ISBN 978-3-944821-04-7
© 2014 Dähne Verlag GmbH, Postfach 10 02 50, 76256 Ettlingen
3. Auflage 2017

Druck: M.P. Media-Print Informationstechnologie GmbH, 33100 Paderborn
Printed in Germany